产教融合模式下高职跨境电商人才培养研究

甘 宇 著

湘潭大学出版社
XIANGTAN UNIVERSITY PRESS

图书在版编目（CIP）数据

产教融合模式下高职跨境电商人才培养研究 / 甘宇著. -- 湘潭 : 湘潭大学出版社, 2023.6
ISBN 978-7-5687-1145-6

Ⅰ. ①产… Ⅱ. ①甘… Ⅲ. ①高等职业教育—电子商务—人才培养—研究 Ⅳ. ①F713.36

中国国家版本馆 CIP 数据核字（2023）第 110759 号

产教融合模式下高职跨境电商人才培养研究

CHANJIAO RONGHE MOSHI XIA GAOZHI KUAJING DIANSHANG RENCAI PEIYANG YANJIU

甘宇 著

责任编辑： 丁立松
封面设计： 张丽莉
出版发行： 湘潭大学出版社
社　　址： 湖南省湘潭大学工程训练大楼
电　　话： 0731-58298960 0731-58298966（传真）
邮　　编： 411105
网　　址： http://press.xtu.edu.cn/
印　　刷： 长沙市鑫宇印务有限公司
经　　销： 湖南省新华书店
开　　本： 787 mm×1092 mm 1/16
印　　张： 11
字　　数： 240 千字
版　　次： 2023 年 6 月第 1 版
印　　次： 2023 年 6 月第 1 次印刷
书　　号： ISBN 978-7-5687-1145-6
定　　价： 45.00 元

序

进入“十四五”，我国的产业升级与经济转型进入关键时期，职业教育与产业发展进入同一赛道。跨境电商作为一项重要的跨国贸易形式，在我国发展势头迅猛，日益成为我国经济发展的助力，助推我国经济进一步腾飞。一方面，跨境电商领域对人才有着巨大需求，本人一贯认为，市场需要哪方面的人才，高职院校便要培养哪方面的人才。另一方面，青年人就像早晨初升的太阳，朝气蓬勃，是我们国家的未来，对青年人的培养要不遗余力，更要精益求精。然而如今虽然众多高职院校都开设了跨境电商专业，但高职院校跨境电商专业的课程建设还不够完善，培养出来的人才难免满足不了市场日益剧增的需求。如今，跨境电商竞争越演越烈，人才短板更应受到重视，但根据本人调研，目前，我国各类院校仍走的是“应用型”人才培养的老路，人才培养压力更大。对于跨境电商人才培养来说，其人才培养的周期比较长，而市场对跨境电商人才提出了更高的要求，短时间内培养出优秀的跨境电商人才存在较大困难，并且当今高职院校在跨境电商学科建设上缺乏特色，师资也相对不足。

本书通过产教融合的视角，对跨境电商人才培养提出了一些思考。产教融合模式下，高职跨境电商人才的培养秉承了产教融合、服务地方经济建设的教育理念，将跨境电商、国际贸易、市场营销等专业学科的教育与实践训练置于产教融合活动之中，这种模式颇具特色，要求教师具有极高的专业素质和实践能力，因此，这种教学模式对于教师而言是一个严峻的挑战。

本人深感当下跨境电商人才培养的障碍重重，困难众多。为了解决这些困难，跨越这些障碍，需要多方共同努力。本人经过多年的电子商务教学，对于培养人才形成了一套自己的独特见解，在本书之中已经一一呈现。编写本书，本人小心翼翼、如履薄冰，唯恐在内容上失当。编写完成，也不忘再三审校，并交给有关专家过目。其间，对内容进行过几次大的修改，尤其是第二章与第五章的内容，进行了数次调整，其他章节也不遗余力，不厌其烦地一再修改，好在对于最终内容比较满意。一本书的结成不是一件易事，本人编写《产教融合模式下高职跨境电商人才培养研究》这本书，一方面出于研究的目的，想要将近年来的研究成果结集成册，付梓，以飨读者；另一方面也是出于尽本人所能，为学界添砖加瓦的考虑。本人衷心希望高职院校专业建设日渐完备，英才辈出。

甘　宇

2022 年 12 月

前 言

党的十九大报告提出“完善职业教育和培训体系、深化产教融合、校企合作”。《职业学校校企合作促进办法》(教职成〔2018〕1号)、《国务院办公厅关于深化产教融合的若干意见》(国办发〔2017〕95号)、《北京市交通行业职业教育校企合作暂行办法》(教职成厅函〔2011〕54号)、《国务院办公厅关于深化产教融合的若干意见》等一系列文件都在着力强调推动职业院校进一步面向市场办学，促进新技术、新标准、新规范有机融入教学，同时解决企业用人需求，推广先进企业标准和企业文化，为产业升级储备人才，发挥引领示范作用，带动更多企业借鉴合作模式、进一步深化校企合作，是当前推进人力资源供给侧结构性改革的迫切要求。

从狭义上理解，跨境电商就是跨境网上零售，主要是中小企业通过网上交易，将个人物品直接跨境卖给全球的消费者。这并不属于通常意义上的传统国际贸易。因为传统国际贸易更多是国际货物买卖，而国际互联网的普及和应用创新让国际贸易门槛降低，逐渐引领全球贸易发生转型。因此，再看跨境电商的发展，它就不能仅限于个人物品的跨境网上零售，实际上跨境电商是外贸领域内互联网及信息技术的不同层次的应用，以及所带来的市场变化，包括手段创新、业务运作方式变化、主体变化、商业模式创新，甚至包括所带来的全球商业规则和电商法律环境的变化等，这些都是跨境电商的领域。跨境电商的快速发展有目共睹，对于实现我国国际外贸升级转型有着重要而深远的意义。跨境电商作为一种近年来发展起来的新型贸易方式，与传统贸易方式相比，其不同之处在于大大减少了诸多烦琐的中间环节，让用户可以更加便捷地进行消费，因此，跨境电商在全球范围内受到青睐。对此，《国务院办公厅关于深化产教融合的若干意见》和教育部等六部门《职业学校校企合作促进办法》(教职成〔2018〕1号)等一系列文件为跨境电商发展创造了新的利好条件。从2011年至今，跨境电商贸易一直保持高速发展态势，已成为增速最快、潜力最大、影响最广的贸易模式之一。数据显示，从2013年的2.9万亿元到2019年的10.8万亿元，中国跨境电商交易规模逐年增长。到2020年受新冠疫情影响，跨境电商交易规模略有下降，规模为 10.3 万亿元，但 2021 年，全国跨境零售额达 13.1 万亿元，同比增长 14.1%，增速比上年加快 3.2 个百分点。

在“一带一路”背景下，跨境电商发展势头迅猛，随着跨境电商的不断发展和壮大，跨境电商的人才缺口也与日俱增。2015 年，跨境电商被教育部列入高职国际商务专业方向之一，2019 年的普通高等学校高等职业教育专业目录中增设跨境电商专业，众多院校也紧跟市场发展态势，联合行业、企业多方资源，大力开展本专业方向的人才培养工作。在跨境电商的快速增长下，既懂贸易，又掌握跨境电商平台操作技能的具有国际视野的高素质应用型、复合型、创新型技能人才成为市场稀缺人才，社会对此类人才的需求与高职院校人才培育模式之间产生了矛盾。高职院校作为培养跨境电商人才的摇篮，应不断加大对跨境电商人才的培养，特别是跨境电商人才实践能力的培养。产教融合是实现高校和企业“双赢”与全面提升的有效途径和重要方法，是高职院校经济价值、社会价值和教育价值的集中体现。针对产教融合背景下，高职院校跨境电商人才培养情况，作者通过完善制度建设，提高对企业的认识，探索校企协同培养模式，加强“双师型”师资队伍培养，优化课程设置，创新办学模式，健全体制机制等途径，对几年的研究成果进行整合、梳理、归纳和评述，助推高职院校跨境电商人才培养质量不断提升，探讨高职教育产教融合科学模式的构建与实施，为实现高效、高质、精准的职业教育跨境电商人才供给提供思路。

甘　宇

2022 年 12 月

目　录

第一章　产教融合的理论基础

第一节　产教融合相关概念界定

一、产教融合

（一）产教融合的含义

产教融合作为一个新出现的相关概念，目前尚无统一的定义，通过调研发现，在我国江苏省无锡市的技工院校较早提出“产教融合”这一概念，无锡市是江苏职业教育的高地。产教融合最先由高等职业院校提出，并且是高等职业院校根据其人才培养特点提出的，现在已经扩展到各个层次的教育之中。江苏省无锡市的技工院校之所以提出产教融合，这与其自身的发展密不可分，他们在办学过程中结合高等职业院校人才培养的特殊性和时效性对已有的教学方案和人才培养进行了专门的改革，并通过不断的改革与探索提出了一个重要的观点：“努力寻找与生产实践紧密结合的产品，以便于提高学生产教融合的水平意识、产品意识、实践意识、时间观念及实践能力。”在调研中了解到，上面所提到的产品就是学生实习，虽然从范围和层次上来说这个相关构想所涉及的面比较狭窄，但这毕竟是中国职业教育第一次提出产教融合这一全新的概念，产教融合非常符合时代发展要求和人才培养要求，已经逐渐成为各个层次人才培养中的重要环节。

在江苏省无锡市的技工院校提出产教融合这一概念之后，《中国职业技术教育》《中国劳动保障报》和相关教育类报刊在不同的版面上引用了产教融合的概念，当时只是觉得这一说法比较具有前瞻性，但也未能明确其定义。从此以后，产教融合逐渐引起了教育界的关注，大家也纷纷探究到底应该如何给产教融合一个完整的诠释。教育部曾在《关于加快发展面向农村的职业教育的意见》中提出一个要求，这是为了促进工业和教育之间的深入合作，这个时候，产教融合才开始逐渐被国家教育部门所重视，在随后的教育改革和发展中，产教融合逐渐成为大家所关注的重点。产教融合的相关构想是一个从无到有、从模糊到具体的过程，这符合事物发展的一般规律，更加符合教育发展的规律。我国的一些学者对产教融合进行了专门的整理和研究，但是由于缺乏一手材料，所以研究所取得的成果非常有限，仅仅是从时间顺序对产教融合的发展进行了简单的梳理。本人为了深度研究我国产教融合发展的实践，进行了大量的专门调研，调研了成果丰富的高职院校，也对理论进行了专门的研究，从而在前人的基础上取得了一些成果。在我国教育体系中，产教融合的两个主体是学校与产业行业，通过产、学、研一体化的深度合作，可以提高人才培养的产教融合的水平，从而实现双赢。在传统的人才培养中，学校也非常重视校企之间的合作与协同培养，但是校企合作的层次有限，无法实现深度的人才培养和发展。产教融合与校企合作的区别主要还是在于双方合作的程度，产教融合的形式多种多样，最核心的就是双方要形成稳定、高效、深层次的合作关系，通过提升人才培养的产教融合的水平促进企业发展和提高学校的办学实力。在调研中发现，有的产教融合助推校企双方创新人才培养模式，也有的产教融合侧重研发和学术升级。从调研的结果来看，不论哪种形式的产教融合，最终都会提升学生的个人素养和就业能力，缩短了人才与企业之间的磨合期，企业也因此获得了更多宝贵的人才。最终所产生的连锁效应会不断助推区域经济向前发展，从而实现共赢。产教融合让越来越多的用人单位和高职院校看到了机会和希望，也非常愿意参与到其中，所以产教融合的发展也逐渐进入了快车道。

通过对相关资料、文献和调查结果进行分析可以发现，产教融合是中等职业学校开辟的一条发展之路，但是，本研究对这一相关构想进行了扩展，把高职院校也纳入其中。这是因为国家层面越来越重视产教融合的发展，已经出台了相关政策进行支持和帮助。回到产教融合的相关构想上来，传统的产教融合指的是职业学校把所开设的专业进行社会主义市场经济产业化发展，把产业发展的经验和技术引入教学之中，通过产业与教学之间的融会贯通强化学校和企业之间的合作关系，从而优化传统的办学模式。越来越多的高职院校也在探索如何将产业引入专业，所以上述相关构想中的中等职业学校可以扩展为高职院校。但是中等职业学校和高职院校的产教融合又存在较大的差异，就是高职院校的产教融合进行得更加彻底和全面，也更容易获得企业的认同。

虽然高职院校在产教融合方面取得了比较好的成绩，但是不同地区、不同类型的高职院校存在比较大的差异。在笔者的调研中发现，经济发达地区的产教融合发展得非常深入和全面，对地方经济的发展也有着重要的助推作用。大家也探索出了丰富的产教融合经验，这些经验具有比较强的地方性和产业性，要想大面积地复制和推广存在一定的困难。

产教融合对学生、学校、产业和社会来说是一个多方共赢的机制，尤其是对学生来说，既能够提升专业能力，又能够为以后立足社会提供保障。传统的高职院校虽然给学生提供了实习的条件和场所，但是由于各种条件的限制导致实习缺乏针对性和激励性。产教融合中不但有大量的实践机会，而且这种实践是经过专门设计的，是有针对性的，是与在校期间所学知识融会贯通的实践。传统的高职院校学生实践的一个很大弊端就是缺乏针对性，这导致了学生所学与所用之间无法实现无缝对接，而产教融合能够弥补传统实践存在的缺点。

产教融合的学生实践就是把课堂所学到的知识应用到实践之中，在课程设计上就存在对应性，这是一个非常好的现象。产教融合会涉及每一门课程，从专业培养目标入手，学校与企业在充分合作的基础上共同制定培养目标及课程标准。所涉及的核心课程均是理论与实践高度结合，这就可以让学生带着问题去学习，并且在实践中解决问题，形成了一个遇到问题、解决问题的良性循环。通过产教融合培养出来的学生，在动手能力和解决问题的能力方面具有更强的优势，他们可以更加灵活地对问题进行分析并且选择合理的方式进行解决。这种人才培养模式的改变还在很大程度上帮助学生树立了正确的三观，从而培养出更多能够为社会主义服务的优秀人才。不仅如此，产教融合还可以有效地鼓励学生在实践中不断探索和创新，激发学生的创新意识和热情，而这种创新意识、创新素养、创新能力和创新人才的培养正是我国职业教育的办学方向。

产教融合不仅可以让企业参与其中，而有条件的高职院校也可以自己创办企业，以学生为主体进行发展；学生在参与过程中可以取得一定的报酬，这客观上也为学生工读结合、勤工俭学创造了条件，能够解决学生的学费和生活费用问题，为贫困学生顺利完成学业提供支持和保障。

产教融合在更大层面上能够为地方经济发展提供专门的服务，因为我国的高职院校多为地方性的，其最主要的作用就是服务于地方经济的发展。我国当前的职业教育是以就业为导向的教育，在社会主义市场经济制度之下主要以培养技能型人才为主要目标，技能型人才的特点非常明显，培养生产、建设、管理、服务一线所需的高技能人才，这类人才具有鲜明的实用性、技能性、职业性等岗位特点——简单地说就是工作在第一线，懂技术、会操作、能管理的技术型人才。

产教融合的培养思路也正是在上述背景之下产生的，为了满足需求而改进相应的教育策略，这是我国教育不断改革、发展和完善的重要体现，也应当受到更加广泛的关注。产教融合的重要参与对象是企业，在融合过程中要格外注重对企业需求的满足。只有充分调动企业的积极性和资源才能实现产教融合效果的最大化，调研显示，当前与职业院校开展产教融合的企业大部分为生产制造型企业，这也对职业院校提出了新的要求，职业院校也应针对企业所需的产品与技术进行开发，以实现职业院校培养人才、研发产品和技术服务的三大功能。应主动适应企业的产品与技术研发活动，以推动双方融合。“产”是产教融合的基础，只有在企业真正生产产品的前提下，并基于这个前提营造相关氛围，以此来开展实践教学，教师才能充分发挥其自身的最高水准，学生才能切实地学到有用的技能。这里的“产”不仅仅是“工厂生产”的意思，还反映着一种与“教”深入结合的特性，并最终指向“教”这一终极目的，这种结合一旦达到相对成熟的地步，就将以“产、学、研”为发展方向进一步提高。学校的“产、学、研”实力一旦真正形成，便具备了实际的发展能力，以及进一步提高和壮大的基础，从而能更好地满足市场对于高职院校的需求。为了使高职院校教学与企业的实际需求紧密结合，与当今时代技术的发展趋势相一致，高职院校需要和企业的技术骨干、技术专家对接，依靠企业的技术力量更好地制订本校的培养计划与教学计划。

目前已经有的产教融合主要是根据高职院校和企业的情况双方进行深度融合，正如前面所提到的全社会还没有形成一套完整的、可以通用的经验。对已经完成的调研总结出当前教育界比较常用的一些做法。产教融合的发展实际上是经历了一段时间的摸索，学校和企业在探索中寻求最佳的解决途径。在产教融合中学校和企业始终坚持“双赢”原则，实施责任共担，这就形成了一种具有约束力的制度保证。一些较前卫的做法就是引入市场上管理和技术较为先进的企业，让教师在产教融合中学到最新的技术，让学生能轻松地加入生产中，让生产产生效益，企业愿意加盟校企合作，通过使用学校设备、产品制作、在制作过程中引入教学内容，学校与企业共同制订实施产教融合的教学计划，并为企业储备人才，学校和企业共同发展，实现高职院校和企业的“双赢”局面。

（二）产教融合的特点

产教融合在国内和国外经过了多年的发展取得了一些经验，在梳理国内外产教融合发展经验的基础上可以总结出其所具有的一些特点。通过文献梳理和国际经验对比可以发现，德国的双元制、美国的合作教育模式以及英国的工读交替模式都非常值得学习。我国在产教融合方面也取得了一些成绩，早期的产教融合以校企合作的形式存在，其中几个典型模式分别是“学院＋创业中心区”“专业＋大型企业”“专业＋龙头企业＋企业联盟”“专业＋校办企业”“专业＋行业协会”等。上述五种模式都是职业院校结合当地经济发展而创造出来的，具备了初步的产教融合特性。

上述模式从不同角度、不同层面出发，都有利于高职教育的发展，并能够促进产教进一步融合，但其侧重点是产学结合。在内容上，产学结合无论是深度还是广度，都相对逊色于产教融合，同时，也达不到高职院校深度发展校企合作的要求。总的来说，它无法达到“产教融合”的效果，其成功经验也难以被复制和推广。为此，本人提出了“四位一体”技术平台的校企合作模式，基本具备“产、学、研三位一体”的功能。但原有的研究仅限于职业教育集团的背景，没有将其纳入社会主义市场经济的背景来展开研究，难以适应社会主义市场经济环境发展变化的需要。所研究的学校也仅限于职业教育的专业水平，不包括应用型本科院校。为了适应社会主义市场经济条件下产业结构的不断调整和变化，高职院校的“产教结合”必须是产业、企业、院校和应用型本科院校特色的融合和实践，并具备新的创新意识、特点和功能。

1. 立体式融合

社会主义市场经济追求的是多元化，产教融合服务于社会主义市场经济，所以其发展的路径也必然要受到社会主义市场经济的影响。产教融合在发展中也更加注重立体式的融合。立体式融合区别于平面融合，从融合的层次来说，校企合作属于层次比较低的融合，也就是平面融合。产业与教育的融合是一种高层次的融合，也可以说是一种立体的融合。这种融合打破了原有单一合作或双重合作的局限性，在生产、学习和研究方面开展全面深入的合作。一体化教育同时表现出生产、教学、科研三个方面的特色，既是专业技术人才资源的提供方，可以满足产业发展的人才需求，又能够化身生产主体，成为企业获取经济效益的重要来源，还能不断提供支持，使行业发展具备可持续性。

一方面，将产教融合培养出来的人才与传统模式培养出来的人才进行对比，就可以发现二者存在着比较大的差异，产教融合模式下培养出来的人才具备更强的可持续发展能力。另一方面，高职院校产学研结合组织可以科学配置内部资源，开展开发性研究、应用性研究和基础研究，为产业发展提供强有力的技术支持。企业需求使高职教育改革明确目标和方向，有利于高职院校教育教学与产业需求充分结合。同时，也为高等职业教育提供最新的教育教学内容与资源，帮助高等职业教育教学紧跟时代步伐。产教立体结合，产学研结合，可以形成良性循环体系，可以从生产、教学、科研三个层面组织服务性活动。一方面，使内部充分获得发展力量；另一方面，通过向外辐射，实现社会效应，不断扩大社会影响力。这种立体式的融合对社会进步和经济发展都有着非常重要的助力价值，反过来也促进高等职业教育的发展和进步。

2. 社会主义市场经济产业化发展的融合

挖掘更大的市场发展潜力，构建独一无二的更为强大的市场竞争力，塑造品牌，打造产业领域内的核心竞争力，并且能形成一定的规模效应，与其他合作项目紧密结合，形成连带效应，社会主义市场经济产业化发展的产教融合要面向市场的需求进行融合，在产、学、研三个方面做大做强，强强联合，并分工合作，把握市场规律，有效开展活动。

3. 以企业需求为出发点

教育以培养人才为主要目标，早期的教育在人才培养中不是十分注重与企业的对接，产教融合在培养目标方面领先于传统的教育，产教融合的出发点是企业的需求。企业参与到人才培养的全过程之中，能够将自身的需求以最大化的形式表达出来，并且在课程设计中逐一得到满足。过去，高职院校在进行产教融合的过程中，存在形式化、片面化的谬误，每所高职院校在产教融合实践中都会遇到这种现象。通过分析可以发现，这种现象出现的原因很多，主要是双方在合作的早期并未找到能够让彼此共赢的路径。而很多企业迫于高职院校的单方意愿或是政策的压力，在合作双方缺乏缜密的调研，在不了解合作双方具备哪些需求点的情况下，导致双方从形式上开展校企合作，与实际情况相脱离。

盲目的产教融合与校企合作不符合我国市场经济的发展需要，因此无法产生效益。为了解决这种合作的随机性和强制性问题，并提高合作双方的积极性和主动性，必须满足各自的需要，为市场供求平衡做出一定的贡献。企业和高职院校可以根据供需平衡的变化，调整自身的需求发展战略，并结合各类市场的急速变化，以高职院校及相关部门的需求为前提，确定市场时间需求，明确市场供需情况，找到双方的共同利益点，开展校企深度合作 ，真正实现产学研一体化。

4. 多主体管理的融合

产教融合就是在社会主义市场经济条件下产教融合活动获得法治保障的关键要素，是一个重新确立组织主体地位的过程，是一个以往很多的校企合作活动难以实现产教融合的关键原因，主要还是在于没有明确各个主体之间的权利和义务关系，关系的不明确导致了合作的问题，从而影响了校企合作的发展。如今，产教融合的主体正在发生变化，已经从学校转移到了企业和行业，这种变化既与当前的社会发展有关，也与教育的进步有关。正是基于此，在有效的产教融合组织中，为了避免任何随意活动的法律后果，我们应该明确各自的责任，然后再整合各自的权利和义务。这就要求企业、政府、行业协会和高职院校共同合作、共同管理。一方面，有利于提高企事业单位开展工作的积极性与责任心，使其更好地以主人翁的心态进行工作；另一方面，也有利于校方与合作方之间以更加合法、有序的方式开展管理工作。

二、实践型人力资源

实践型人力资源是根据社会发展的需要而出现的新生事物，实践型人力资源主要是指能将专业的技能和专业的知识应用于所从事工作的一种具有更强动手能力的人才，实践型人力资源需要熟练掌握企业工作所需要的基础知识和基本技能。实践型人力资源具体内涵随着高等教育历史的发展而不断发展。与其他类型人才培养模式相比，实践型人力资源培养模式主要有以下几个特点。

第一，从一线生产的真正需求出发，进行知识结构的规划，无论是设计教材，抑或是设置课程，对于这些基础性的工作环节，基础、成熟且具备极高实用性的知识尤为重要，而不过多追求完整学科体系的构建，也不过多关注最新的前沿性知识领域。

第二，培养实践性人才要从人才的不同层次出发，确立有区别的培养定位，从而为国家源源不断地培育出一批批既具备专业理论知识，又有出众适应能力与工作能力的实践型人才，这要求高职院校搭建一个完备的人才发展平台，不断调整、完善专业教学计划，实现教学内容上的协同与整合。

能力的培养是实践型人力资源培养的中心，其主要政策是培养每个学生思考、掌握和应用知识的能力，其主要目标是使学生适应未来社会和经济发展的需要。地方工科院校的实践型人才是指实践型、大众型和技能型人才。根据教育水平、职位、行业领域、学科和专业等不同的分类标准，可以将人才分为不同的类型。一种类型是研究型人才，能够通过科研工作发现事物的客观发展规律；一种是应用型人才，能够通过在社会实践中充分应用知识理论来生产产品。应以一线生产实践的需求作为上述人才能力体系的根本培养指向。在训练人才能力的过程中，掌握基础知识并达到灵活使用的程度至关重要。相比较来说，对人才的科研开发能力的要求则没那么严格。

在实践型人力资源的培养过程中，通常将实验教学、生产实习当作关键性的教学内容并与专业理论知识相结合，整合专业技能，并强调与一线实践知识的传授相结合，教学要求更具实践性，毕业论文是培养研究型人才的重点环节，对于实践型人才一般就不会有过高的要求。与其他人才相比，实践型人力资源属于一种中间人才，实践型人才的要求很高，不仅要有很强的理论功底，还要有普通人才应该具备的理论知识。总之，实用型人力资源主要是应用性知识，而不是科学发现和创造新知识。社会对这类人才有着广泛的需求。在社会工业化乃至信息化进程中，社会对这类人才的需求占了很大比例。对于面向大众的高职院校而言，要重视实用型人才培养模式，社会和市场上实用型人才的需求缺口日益增大，高职院校具备极广的发展空间与发展选择。实用型人才的培养是一个复杂而精细的过程，极大地考验高职院校本身的教育实力。

此外，高职院校非常注重产教融合的水平和达到的高度，不仅在高职院校自身专业设置、教学层面、管理产教融合的水平等微观方面有所体现，也在提高高职院校产教融合水平，以及服务政府、行业、社会经济发展的能力等宏观方面深入体现。高职院校开展产教融合不能盲目和不切实际，而要在了解双方需求的基础上同企业方展开合作。高职院校不能片面地陷入对规模、数量、速度的追求之中，而要想方设法地加大校企合作的力度，在与企业、商会、培训机构、地方政府等主体开展产教融合合作的同时，还要注重合作质量，努力实现互惠互利，追求发展的长远性与可持续性，既要创造经济效益，也要创造社会效益。

三、产教融合生态圈

产教融合生态圈是本研究的一个创新之处，主要在于把产业、教育、社会发展等相关利益群体融合到一起，从而构建出一个全新的事物，即产教融合生态圈，这一生态圈的构建有利于整体教育水平的提升。

生态圈即生物圈，在整体生态中，不同物种以群体的形式共存，在整体生态环境中以物质的形式存在。群体形成一个特定的关系链，并在这个循环中按照一定的计划相互影响。产学研一体化生态系统是指高校以自身为主体，以地方工业经济作为发展的围绕点，基于当地政府的扶持，积极主动地同当地工业园区深入开展战略性的校企合作。

生物界中总的生物链也就是学界一般认为的生物圈，生物圈包含广泛，凡是生物链上的生物，乃至生态环境、生态系统都是生物圈的一部分。按照湿地、草原、森林的维度，生物圈可以被分为三种生态系统。地球总的生物与生态环境共同形成了地球的生物圈。生物圈相对稳定，能够持续性地发展，内部具备自动平衡能力。产教融合生态圈的构建有利于教育水平的进步，需要多个部门协同参与。其中，政府部门发挥着重要的统筹作用，既能够为高校与企业之间打造接触与合作的平台，也通过出台政策鼓励企业方积极开展校企合作。与此同时，高校与企业双方共同为当地经济发展贡献力量，前者提供智力上源源不断的支持，后者发挥经济产出作用。高校与市场需求紧密结合，紧跟时代的步伐，打造独特的办学优势与特色，并提高从社会资源中吸取教育教学资源的能力，有了校企合作，高职院校人才培养产教融合的水平得到了提高；为形成共生共赢的产教融合生态系统，学校与企业开展更深入、更全面的各类合作，构建稳定、可持续、高效的合作关系。企业迫切需要填补实用人力资源缺口，提高企业的经济效益；区域经济进一步发展，地方政府经济实力进一步增强。

四、产教融合的构建原则

产教融合的发展已经逐渐由萌芽发展成一个成熟的制度，产教融合制度包括了教育、经济、产业和社会发展制度，这些制度只有协同发展才能发挥最大效应。成功的产教融合制度将构建政府、学校和社会三方参与的新型合作与成长关系，通过这种协同关系形成政府对产教融合进行宏观管理、高职院校能够自主办学、社会广泛参与的全新产教融合格局，从而建立健全办学主体多元、办学形式多样、充满蓬勃生机、政府主导、社会参与的职业教育办学体制，并支持行业、企业、社会以资本、知识、技术、管理等要素参与职业教育，推进校企结合全过程培养人才，同时，实现企业、行业、政府、高职院校等多种类型主体参与合作的机制。在深入认识产教融合特点的基础上，得出以下四个构建产教融合的原则。

（一）多主体原则

产教融合需要多个主体参与其中，这个原则已经被证明为一个非常重要的原则。政府、学校、行业与企业、学生、社会五大主体在产教融合中实施高职院校的大学生双创教育职能，双创教育也是一个重要的主体，参与到产教融合之中，助推产教融合的向前发展。高职院校实施大学生双创教育，转变人们的观念、习惯和社会价值观。同时，让社会力量参与高职院校大学生创新创业教育的监督和评价，形成全社会的合力。社会力量应与高职院校相联系，形成社会与高职院校的合力。要不断深化校企合作与产教融合的程度，学校与企业双方共同构建与升级高职学生实习基地，改革与完善基地运行机制，提供专业化的新型设备，为高职院校学生创业提供良好的硬件支持。在高职院校大学生培训中，要培养学生掌握社会主义市场经济的运行技术，培养学生的创业素质，使其迅速融入现代企业管理的现实环境。为了提高双创教育在个人成长成才和促进就业及助推社会经济发展中作用的认知，高职院校大学生要转换思想观念，将其内化为自觉行动。在高职院校产教融合中，注重产教融合的水平原则，包括注重高职院校自身人才培养产教融合的水平和产教融合培养产教融合人才的水平，高职院校培养产教融合的水平影响着产教融合培养产教融合人才的水平。

第一，高职院校学生创新创业教育的顺利开展，在很大程度上有赖于政府的支持和推动。基于此，国家必须出台法律、法规和政策，引导、支持和促进职业教育与工业企业的深度融合，在高职院校开展大学生创新创业教育；在宏观层面上，对政策进行引导十分重要，落实措施，监督建设服务体系。因此，政府是高职院校学生创业创新教育的领导和管理机构。

第二，高职院校在为社会提供创新创业人才方面起着主导作用，承担着高职院校大学生创新创业教育最重要的职能和作用。因此，学校是高职院校大学生创新创业教育的主体。

第三，具有创新创业素质的高端技能型人才将有效提高生产力，推动产业创新和转型升级，提高企业竞争力和效率，最终使产业和企业受益。

第四，学生是高职院校大学生双创教育的学习主体和受益主体。

第五，社会是高职院校大学生双创教育的参与主体和监督主体。

（二）自组织原则

在探索时期，产教融合的发展主要是依靠学校和企业的自组织发展，在这样的发展过程中，自组织发展逐渐成为一种共识，自组织是指客观事物自身的系统化、结构化、有机化、有序化的过程。高职院校的大学生双创教育各实施主体开展高职院校大学生双创教育包含自组织行为，具有自组织演变的特性。政府只有在逐渐意识到产教融合发展需要进行调控的时候，这种自组织原则才逐渐被打破。在高职教育产教融合过程中运用产教融合的水平原则，用符合性、适用性及经济性三个层次去检验产教融合人才培养的水平。其中，以符合性作为标准，检验人才是否符合市场用工需求；以适用性作为标准，检验人才的最终培养成果能否满足具体岗位的工作要求；以经济性作为标准，检验所培养人才能否创造足够的经济效益。在这里有必要论述高职院校发展的特点，主要有以下三个特点。

第一，高职院校大学生创新创业教育具有开放性的特点。创业能力的培养需要开放的、与社会互动的教学，突破以往封闭的教育体系。

第二，高职院校大学生创新创业教育具有复杂性。在此过程中，涉及高校、企业、行业、政府等多种类型主体，并受到不同专业群体、管理模式、行业规模等诸多因素的影响。在市场、生产、管理、教学、科研等资源的互动下，高职院校大学生创新创业教育的机制形式也应该有分类的组织和引导，因为分类实施的多样性，每门学科教育过程的自组织机制也是复杂而相关的。

第三，高职院校大学生创新创业教育具有自发性、动态性和开放性的特点，处于经济社会发展的宏观环境中。为了使高职院校大学生创新创业教育机制能够自发地调整和完善，实现从稳定到不稳定再到稳定的持续有序发展，每个实施主体通过与外部环境的交换获得自组织演化所需的各种资源和能量，然后通过组织内各要素的相互作用获得自组织演化的核心能力。

（三）协同性原则

与自组织原则相对应的就是协同性原则，产教融合在探索阶段主要依靠的是自组织，随着发展的深入，各个利益群体需要进行协同发展，因此，协同性原则便应运而生。我们要借鉴协同教育的理念和方法，探索政府、行业、雇主和高职院校整体和部分、子系统或各要素之间的协同作用，增强职业院校的产教融合多主体协同性。协同开展高职院校的产教融合的核心是协同五个主体的积极性、主动性，尤其是政府、行业与企业开展高职院校的产教融合。政府应完善法律和政策，提高制度的有效性，增强政策的系统性。高校需不断加强与社会的联系，为社会提供更好的服务，提高合作企业与产业参与学校产教融合的兴趣，发挥更大的桥梁和纽带作用；仅限于学校主要资源要素的协调使用，就会受到瓶颈制约。积极参与和支持高职院校产学研结合的校企合作，行业和企业要以人才培养为己任；为学校开展高职院校的产教融合提供更多的合作空间及资源平台。为构建政府有效宏观管理、社会广泛参与、学校主导、学生执行、行业与企业主动对接的高职院校的产教融合机制，要协同资源、协同时间、协同目的、协同内容、协同各主体的责任和成果，整个社会都要强化对高职院校的产教融合意义的宣传，提高全社会对高职院校的产教融合的参与度和认知度。产教融合的水平是组织机构、体制机制等事物发展的根本前提和动力。在进行产教融合质量评价时涉及符合性、适用性及经济性三个层面。

高职院校所培养的人才若无法满足市场对人才的要求，往往有以下两个方面的原因：其一，区域产业处于快速升级、转型期，经济发展速度较快，产业所使用技术手段也快速更新换代，在这种情况下，行业、企业要求高职院校培养出的人才既具要具备高水平的技术能力，还要具备较强的继续学习能力，能够不断发展自身。高职院校教育却难以满足这种要求，因为高职院校教育并不单纯以满足市场需求为导向，而是以“育人”为核心教育理念，培养人才需要一定的过程，难免跟不上行业的最新需要。其二，社会文化与传统也是重要的影响因素，社会与行业上没有形成对高职院校的充分认可，学生生源地也不具备良好的产教融合能力。受此影响，学校学习风气较差，学生的学习动力无法得到激发，高职院校产教融合水平便难以提高。然而，高职院校若不增强自身的产教融合能力，提高行业对自身所培养人才的认可度，便无法提升自身的行业地位，从而也无法吸引企业，产教融合的深度将难以进一步提高。

（四）共享性原则

如今共享经济已经成为社会经济发展的重要组成部分，共享性原则也成为产教融合的重要原则。产教融合、产学合作开展高职院校的大学生双创教育，共同培育创新创业人才，学校、学生、行业与企业、国家都是受益者。各主体只有做到责任共担、利益共享，才能助推高职院校的大学生产教融合有序地发展。各主体要重视市场在资源配置中的作用，建立政府激励机制、互利驱动机制和共生发展的利益共享机制。从“产教融合”到“产教结合”，体现了国内教育融合向深度和广度发展的趋势，为创新高职院校大学生创新创业教育机制提供了广阔的途径。在现代职业教育中，产教结合是其中最具有代表性的，成为现代职业教育建设与发展的关键性制度。

我国已有的相关职业教育法曾提出：要建立健全适应社会主义市场经济发展需求的高等职业技术教育制度，市场性成为高职教育的天然和必然属性。同时，在一定程度上，高职教育人才培养是否具备“市场性”、是否符合市场发展需求成为评价高职教育教学产教融合水平的标准之一。赋予国家有关部门、行业协会、大型职业教育集团和企事业单位参与管理的权利和责任，明确其在高职院校大学生创新创业教育合作发展中的主导地位。努力形成全社会尊重创业、认可创业、参与高职院校大学生创新创业教育的意识，组织媒体宣传、国家支持和鼓励创业的政策和对策，大力宣传高职院校大学生创新创业教育先进模式。高职院校应在现有传统职业教育课程的基础上，突出和强化大学生创新创业教育的理念和内容，以系统方法论为指导，以培养学生的综合职业能力和可持续发展能力为培养目标，将高职课程分为基于工作过程和基于社会生活两部分。建筑、工业和教育一体化实施了国家高职院校大学生创业和创新教育体系。在产学研结合体制下，推进高职院校大学生创业创新教育，要发挥政府的主导作用，尊重市场在校企合作中起决定性作用的规律。高职院校产教结合的实质是教育与产业的结合。政府和市场是促进产教结合和校企合作的两大基本力量。为了打破行政部门之间的壁垒，争取行业部门和政府部门的支持，建立自上而下的组织架构，促进高职院校产学研一体化和大学生创新创业教育相关部门的协调联动。在组织领导体系建设方面，要转变教育行政部门只推进高职院校大学生创新创业教育的管理体制和模式，借鉴国家部委的领导体制，共同促进就业。高职院校的大学生双创教育与专业教育集知识教育与素质教育于一体，其契合点是学生创业素质和职业技能培养并重，专业教育与高职院校大学生双创教育的融合，是两种教育目标的融合，建设和完善高职院校大学生双创教育与专业教育融合一体化的课程体系具体如下。

第一，围绕工作任务打造极具专业性的高职课程体系，以创业作为重要元素，同课程目标相结合。为形成职业教育与素质教育（包括高职院校大学生创业和创新教育）相结合的高职新课程体系，达到提高学生全面技术能力，使学生可持续发展这一终极目的，高职院校根据学生面临的典型工作任务的工具、方法、对象、组织和要求，在公共平台开展教育教学，同时也设置专业课程。在校企合作的背景下，产学研合作平台的建设由校企共同完成。教师或企业培训师具有创业实践经验。要在实践中真正实现两种教育的结合，高职院校大学生创新创业教育实践教学只能植根于职业教育实践，在职业教育实践中体现高职院校大学生创新创业教育。引导学校和企业寻找和培育高职院校大学生创新创业教育合作的共同利益，促进产教结合，促进高职院校大学生的创新创业教育，改变传统的以情感为主导的机制，向着以市场利益为主导的机制转变，打造持久性的合作机制，逐步转变企业与行业在高职教育中的客体身份，使之成为创新创业教育的主要参与方，发挥自身调节市场资源的作用。

第二，构建以社会生活为基础的素质教育课程体系，完善通识教育。高职院校需要开设身心健康课程、思想政治课程、生活通识技能课程、就业创业课程、审美人文课程，为解决学生在专业岗位上面临的典型社会生活场景、事件、问题、活动和矛盾等问题，将高职院校以选修课形式开设的创业课程纳入素质教育公共课程。

校外专业实训平台需加强向高职院校大学生双创教育的渗透，目前，创业实践培训项目与学生的专业实践相分离，使实践非常简单。在校园实训平台建设中，要改变商业街的开放，而不是将高职院校的创新创业教育活动视为高职教育的又一个课堂，要充分发挥创新创业教育活动的实践特征，加强其与高校学生在第一课堂习得的专业知识与技能的联系，使学生的创新活动从专业实践转变为创新实践，构建起一个培养创新人才的有效模式。当下，大多数高职院校都同企业开展深入合作，缔结合作办学协议。岗前实习基地通常是高职院校学生短期的实习地点，而非就业后进行实习的场所。学生一般只能与同自身专业、技能密切相关的专业相接触，学生的创新创业实践也无法在校外实习场所实施。

为使所培养人才具备开展创新创业所必需的扎实理论知识、较强的实践能力及良好的意识和精神，高职院校必须构建一个具备较高教育水准的创新创业教育教学体系。因此，高职院校要提高产教结合水平，加深校企合作深度，站在专业、行业、地域等不同角度，转变以往以第二课堂为重心的实践教育方式，以服务社会为目标，以设计开发产品为指向，加强教学与项目的联系深度，为学生开辟一条创业、就业的平坦道路，通过校企合作打造一个以“一线三平台”为基础的创新创业教育教学模式，使学生的专业、创业实践紧密结合。其中，“一线”是以人才的专业能力为重，“三个平台”是校企共建的校内培训平台，即校内产学研合作平台、企业常驻研发中心、教师工作室三级平台，学生创业工作室和的校外实践平台。对于有创业意愿的学生，高职院校负责提供项目资源、免费办公空间、教师技术指导等相关支持，支持创业工作室的建立。正式成立后，学生按照公司的运行方式开始进行独立运营。除此之外，由于市场性持续发挥作用，高职院校进行产教融合时应该通过与政府、企业等各种类型主体间的合作，形成良性的发展机制，各主体之间彼此依赖，互惠互利，建立一种友好型的资源互补机制，形成共同发展的良性动态互动关系。

产学研结合是高职院校大学生创新创业教育的重要保障机制，校企合作，打造高职院校大学生创新创业教育与职业教育融合的校外实践平台，通过实施案例教学、工作过程导向教学、项目教学等模式，培养学生的创新创业素质和专业技能。为确保学生在获得专业实践经验的同时，提高创业素质，促进学校和企业全过程人才培养，创新岗位实践操作方法，正是基于此，高职院校在与企业签订职前实践合作协议时，应与企业共同制订完善的培训计划，注重企业资源的利用，提高学生的企业经营知识和技能，明确培养学生创业素质的路径和实施方法。企业和学校应共同努力，在各种平台上建立工作任务或项目实施的标准化机制、监督机制、信息反馈机制和评估机制，提升人才培养模式。

在产学研结合体制下，政府应加强宏观管理，改革就业前实习专业基地建设机制，改变高职院校创业孵化基地建设与职前实践专业基地建设之间的“两张皮”现象，鼓励行业龙头企业在校企共建的培训平台上投入最新技术和设备。同时，要肩负起创业孵化平台的责任，完善产教融合机制，培养具有创新创业素质的高端技能型人才。既能服务于高职教育专业教育，又能服务于高职教育大学生创新创业教育，积极构建运行良好的区域资源整合平台，创新职前实习专业基地投资模式，对工业企业投入培训平台的技术和设备给予适当的经济奖励。

正是基于此，高职院校在为企业等各种类型个体提供自身技术、设备、人力资源等的同时，合理利用政府、商会、企业的优势资源，使双方形成资源互补。高职院校可以利用有关部门统计的人才数据，也可以利用第三方企业提供的市场用工需求数据，使自身所培养的人才符合市场需求，并能够对将来人才市场供需情况加以预测，实现产教融合水平的快速提高，实现合作关系的持久开展，实现“产”“教”的共同发展。

目前，许多高职院校开始为大学生创新创业教育建立实习基地或孵化基地，不过大多还只是刚刚起步。以高职院校的创业中心为主要依托，已重点建设一批“高职院校学生科技创业实习基地”、省市级大学生创业实习和孵化基地。企业是高职院校开展产教融合活动的一个主要合作对象，企业往往受到众多现实因素的影响，比如，行业内的产品生产因素、政府相关部门出台的规范不够完善等，导致企业缺乏参与产教融合活动的兴趣。因此，当下产教融合基地的搭建以院校和政府部门为主，企业的参与程度不高，限制了产教融合的发展深度，削减了基地的向外辐射能力。高职院校要进一步加强和企业的联系与合作，不断提升自身人才培养水平与产教融合实力，在此基础上，提高对企业的吸引力，使更多企业参与到产教融合的合作之中，从而获得更多投资，校方也要更多地承担起产教融合的发展风险，担负起更多的责任和义务。对于地方政府部门而言，也要提高对高职院校发展产教融合的资金投入，继续加大高职院校大学生双创教育建设力度，学院应该有目的地针对学生正式就业之前这段时期，建立校企一体化的专门性的创新创业基地，购置模拟实际创业的软件，打造现实性高的模拟环境，保障学生获得良好的模拟创业体验，为学生的创业实践建立基础。

毋庸置疑，高等职业教育是在产业经济进步过程中不断发展的，经济社会的进步是高职教育发展的基础，高职教育的发展也促进经济社会的繁荣兴盛。如今，在我国的社会经济现实要求下，高职院校需要在社会主义市场环境之中去培养人才。与此同时，高等职业教育本身还应发挥自身独立、特殊的教育特性，保障培养成果——人才具有内在的创造价值，而不仅是一般的商品或资源。这既与高职院校学生是否能够满足市场要求、是否能够为企业带来价值、是否能够帮助产教融合可持续发展密切相关，也同高职院校学生自身毕业之后的就业情况、职业发展前景以及院校本身的未来发展密切相关。

第二节　产教融合的理论基础

一、杜威的从做中学理论

美国著名教育家杜威认为教学过程就是教学过程中的“做的过程”。他认为人们的兴趣和“做”的冲动是以人为本的。知识和经验的来源基本上是基于对主客体经验的总结。在此基础上，他强调，在教育过程中，学校应该建立在一个类似于萌芽社会的地方，即建立各种工厂、实验室、农场和厨房，让学生在学校的“小社会”环境中学习他们感兴趣的专业和课程。因此，他还提出在教学过程中安排创建实际生产现场的教学方法，即在场景教学中，激发学生的创造性思维，按照数据策略从场景活动开始，解决学生在场景活动中遇到的问题。这就是杜威的“做中学”教学理论。

杜威以“教育是生命”“教育是成长”和“教育是经验的转化”为基础，探讨了知识与行动的关系，提出了举世闻名的“从做中学”理论。其理论实质是加强学生实践操作能力的培养，培养学生探索问题和解决问题的能力，培养学生从事和适应实际工作的能力，这也是我国高等职业教育所要求的理论和既定的培养目标。杜威从他的哲学观点——实用主义哲学中倡导“实用主义”，并将其引入教育，形成了实用主义的教育哲学。他倡导学生体验探究的过程，与现实世界建立联系，实现学生从被动观察者到主动实践者的转变。通过自己的实践活动，学生逐渐形成了对世界的认识，充分体现了学与做的结合。

杜威倡导一种整体教学理论，在他看来，学生所要学习的全部知识都要在学校之中获得，从而应用到工作与生活之中。他的教学理论对当时的社会教育具有很大的创新性，但在发展过程中也存在一定的局限性。然而，在地方工科院校教育培训实践的人力资源整合研究中，要想进一步整合产教融合教育资源，必须在教学过程中实现产业与现实的结合，使学生意识到“学”与“做”相结合的重要意义。地方工科院校在人才培养实践中，要理论联系实际，加强实践。为了提高学生的实践能力，杜威的“边做边学”理论实现了边做边学和体验式学习，这就要求积极的、体验式的家庭作业取代传统教科书的主导地位。他的“从做中学”理论在中国教育中的应用，对中国的教育管理理念、师生关系、教学方法和教学评价方法都具有非常深远的指导意义。

杜威认为，人类最重要的是获得探索和解决问题的能力，而这种能力的培养应该通过科学方法的训练来实现。同时，他认为教学活动的要素与科学思维应该是一致的，并提出了相应的“思考五步”或“问题五步”教学，包括：第一，学生应该有真实情境的体验，而他们感兴趣的活动本身就是一个持续的活动，也就是说，应该有一个能够实现“做”的情境；第二，在情境中创造一个真实的问题作为思维的刺激，即有“做”的内容；第三，学生应该拥有知识材料，并进行必要的观察来处理这个问题，也就是说，他们应该有实现“做”的必要支持；第四，学生必须负责逐步开发解决方案，也就是说，必须有一个完整的“做”的过程；第五，他应该有机会通过应用来检验自己的想法，把它们说清楚，让他自己去发现它们是否有效，也就是说，他应该对“做”的结果进行检验。

从表面上，教学是一个“做”的过程，但在“做”的过程中，它是“学”的积累。高职教育的目标是培养生产、服务和管理第一线的高素质技能型人才，即在基本岗位和工作场所具有较强实践性和实用性的人才，即专门面向“一线”的高等技术应用型人才。这种“一线人才”不能只靠学历教育在学校培养，他们必须通过生产和工作实践来获得和提高自己的能力。基于此，高职教育应注重学生专业能力的培养，在教学过程中强调教学与实践的结合，实现学生的“做”，从而完成学生的“学”，提高学生适应专业岗位要求的能力，缩短学校教育与实际工作的距离。

结合杜威的“思维五步”，不难看出“从做中学”理论在高职教育教学中的应用主要体现在师生关系的准确定位和教学方法的合理运用之上。在“从做中学”实施的早期阶段，往往存在一种角色的误解，认为教师是“做”的准备工作者，即为学生准备所有的材料和设备，而当学生真正“做”时，教师只不过是个旁观者。如果采取这种态度“边做边学”，结果只会是学生盲目地“做”，而谈不上“学”。强调“从做中学”并不是要忽视教师。无论是把课堂搬到实验室还是搬到工厂，无论采用什么样的教学方法，都不能缺少一个人，那就是老师。只是此时的老师不再是“一言堂”的大师，而是一个“方向标记”。他的具体角色有三个，如下所示。

第一，提出一个能激发学生兴趣、为学生创造真实体验情境的问题。

第二，当学生在“做”的过程中遇到困难、错误、怀疑和争论时，应给予有目的、有智慧的指导，并在学生有操作经验时进行提炼和总结等。这样，学生的操作清晰有效。

第三，给学生创造一个可以检验其“做”的结果的机会。“从做中学”理论的中心是学习者本身，是学习者通过“做”，形成“思”，最终实现“学”，是学生通过自己的努力获取知识与培养能力的过程。在这个过程中，既少不了教师这根指挥棒的引导，更少不了学生自身的操作与思考，学生只有通过实际的动手与动脑，对问题进行分析处理，才能在“做”中体会知识的运用。

按照传统观念，所谓“教学”是指教师站在讲台前，通过语言和行为，结合教具、多媒体课件等手段展示教学内容，“学习”是指学生坐在教室里听、看、写。这是过分注重“教学”的行为。在这种观点的理解下，教师的教学和告知行为被视为“教学”，否则教师将被视为不负责任甚至懒惰。至于教师的教学行为是否对学生的学习有实际影响，则不在研究范围之内。随着我国高等职业教育的发展，学生所学的知识和技能强调与社会和用人单位的需求相结合，突出学生实践能力的培养。教师的教学方法越来越注重实用性，但无论采用什么样的教学方法，在具体应用中仍然注重“教与学”。

“做中学”绝不是简单让学生“做”就行，而是必须在教师的指导下富有意义的“做”与“思”。“从做中学”是对“教”的另一种更为人性化的诠释，这其实是把“教”的过程融入实际情境中，教师在学生“做”的情境中教。要达成“做”以成“思”，“思”建立在平等与对等的关系上，平等的价值高于对等，没有平等就无法谈及对等，平等是对等的前提。

二、陶行知的教学做合一理论

陶行知先生是中国现代著名的教育家、思想家和学者，曾师从杜威、凯伯奇等美国最有影响力的教育家。从美国留学归来后，他将中国当时的国情和在美国学习的先进教育思想相结合。1926 年，陶行知先生创立了自己的生命教育理论。陶行知先生提出了“生活即教育”“社会即学校”和“教学做合一”三种教育理论。他的生命教育理论在当时中国社会的反传统、反旧教育中发挥了重要作用。陶行知认为，没有以生命为中心的学校教育是一种死的教育。如果教育与生活分离，那么教育就死了。陶行知先生强调，作为教师，他们应该充分利用新的教学方法，按照学习方法进行教学。教学应与实际生活方式相结合。教与学应占据主导地位，使学生获得全面的知识和能力。陶行知教学观的改革与实践对当时的社会具有重要意义。陶行知的“教行结合”理念指出了当时旧社会教育所具有的弊病，同时提出了有效的解决措施与方案。

当今部分应届毕业生实习或初入社会就业时，缺乏必要的职业意识、实践水平低、学习能力差、综合素质不高。在以市场需求为导向的高职院校产教融合培养学生的模式下，陶行知先生的理论基础是同样适用的。知识结构与市场以及社会发展同步的理念在“生活即教育”这五个字里体现得淋漓尽致。所以在面对应届毕业生初就业的问题时，其解决办法是：借鉴陶行知先生的理论，使学生在校所学的理论知识能够切实投入到实际的社会生产之中。“生活即教育”“社会即学校”和“教学做合一”是陶行知生活教育理论的三个基本命题，研究者对这三个命题的历史流变一直缺乏较为系统的研究。

“教学做合一”在生活教育理论的方法论中，在生活教育理论体系中居于最重要位置。本书试图在教学方法层面上对“教与做的统一”进行评论，以便更好地学习这一理论。

研究者对“教做结合”的理论内涵进行了合理的阐释，或在实际应用中对“教做结合”理论进行进一步理解和消化。在大家的努力下，“教做结合”的理论探讨呈现出新的特点。如今，高职院校在进行教育教学改革时，必须注重环境、课程与教材三者之间的整合。要想使“教”与“做”相结合的教学方法持续性地在教学实践中得到有效运用，应该使改革与实际环境做到密切结合，设置课程与教材与之匹配，不然将陷入被动的泥沼。

陶行知先生把“教做结合”作为一种深深植根于特定环境的教学方法。为了实现方法与内容的有机统一，他补充了适当的课程和配套的教材。教学方法的改革必须与环境、课程和教材相协调，使教学方法和教学内容有机统一。例如，在育才学校时期，“教与做相结合”的无限魅力被发挥出来。结合培养特殊人才的目标，以“教做结合”方式为补充，分为六个小组，开设不同的课程。通过内容和方法的有机结合，学生的学习理念更加清晰、高效。

三、福斯特的产学合作理论

福斯特是英国著名学者和教育家，他提出的产学合作理论对教育的发展具有高度的战略指导意义，在现代产学研合作中也具有十分重要的代表价值。福斯特认为，在产学研合作过程中，首先要从专业课程设计入手，以理论基础为出发点，最终搭建就业平台。目前，职业教育计划不容易达成，往往是因为计划受制于受训练者在基础理论知识与具体实践技能上的匮乏。同时，高职院校中低层次人才的培养应注重产学结合。基于此，高职院校要想使职业教育计划顺利实施，有必要做到以下三点。

其一，在课程内容上，做好教学改革，更多地开设富有特色的“三明治”课程。

其二，在发展规模上不应一味扩大，要控制在一个合理的边界之内，同时符合经济社会发展的实际情况，在此基础上来培养人才。

其三，在生源比例上加以合理控制，高职院校更多地吸纳在职人员作为本校学生。

对于中国等发展中国家而言，福斯特所提出的产学合作理论，具有十分重要的借鉴意义。

在全球职业教育理论界中，福斯特的影响力最为巨大，他多年来一直致力于职业教育理论研究。1965年，福斯特发表了《发展规划中职业教育的谬误》一文，这使他闻名于世。福斯特早年考入伦敦大学，学习经济管理专业，毕业之后，他一度进入纽约州立大学，教授教育学和社会学，并在芝加哥大学担任比较教育中心主任，在澳大利亚麦格理大学教育学院担任教授与院长。

福斯特关于职业教育发展的许多重要思想都包含在《发展规划中职业教育的谬误》一文中。20世纪60年代是西方“发展经济学”盛行的时期，福斯特的职业教育思想已成为各国指导职业教育发展的政策文件的重要组成部分。福斯特的理论提出，发展中国家发展经济可以依赖政府，可采用“集中、非市场化的规划模式”。受此影响，一些教育理论界的人士提出了“人力资源理论”，主张为了经济发展，学校可以根据政府的经济发展计划和“长期人力资源预测”，提供一定数量的训练有素的人力资源。在当时，人力资源理念对于发展中国家经济领域与教育领域的进步发挥了一定的指导作用。当时，这一理论对教育发展战略具有重要意义，联合国教科文组织等都对其表示了认可。为了促进经济发展，这一学派倡导发展中国家应以学校的形式重点投资职业教育，并将职业教育渗透到普通学校的课程中。

当时英国经济学家巴洛夫是这一学派的主要代表。鉴于巴洛夫的主流理论，福斯特作为长期致力于发展中国家教育理论研究的专家，在多年研究成果的基础上撰写了著名的作品——《发展规划中职业教育的谬误》。对这部名著的看法引发了在职教育理论领域长达四分之一世纪的大讨论。福斯特提出了许多不同于巴洛夫领导的主流学派的观点，并从教育发展的一些基本问题上系统阐述了他的职业教育思想。我们可以把他的主要思想和观点总结如下。

（一）职业教育必须以劳动力就业市场的需求为出发点

福斯特认为，职业教育发展的最关键因素是受训人员在劳动力市场的就业机会及其就业后的发展前景。基于此，满足劳动力市场的具体需求成为职业技术教育未来的发展趋势。

（二）“技术浪费”：应成为职教计划评估中的一项重要内容

福斯特提出了职业教育中的“技术浪费”问题。在研究中，他注意到许多发展中国家职业教育毕业生的就业岗位与其专业培训不一致。他认为，尽管有的发达国家也具有“技术浪费”的弊病，但在发展中国家更为严重，发展中国家的资源更为有限。因此，对于资源匮乏的发展中国家来说，必须对“技术浪费”现象给以充分的重视，将这种现象作为评价职业教育计划的重要评估内容。

造成“技术浪费”的原因有以下三个方面。

一是所用非所学，市场需要的人才，却受到不当安排，担任与自身专业不相关的工作。

二是国家出于经济发展的目的，提前培养了某种类型的人才，但后续经济环境发生改变，导致这类人才得不到有效利用。

三是市场对某种类型人才有需求，但由于职业报酬和职业前景不理想，缺乏对职业教育学生的吸引力，选择这类职业的学生较少。

(三) 职业学校课程既不能确定学生的职业志愿，也不能解决他们的失业问题

福斯特认为，职业学校的课程并不能决定学生的职业志愿，学生更多的是通过经济领域的交流与就业，来确定专业志愿，而学校课程对其的影响微乎其微；学生的失业问题也不单纯是职业学校课程的原因，而更多的是取决于劳动力市场的用工需求情况。在巴洛夫等人看来，学校可以通过设置课程来对学生的职业志愿加以引导，将学生从不切实际的职业志愿上引离，从而避免学生失业。

(四) 基于简单预测的“人力规划”不能成为职业教育发展的基础

20 世纪 60 年代是“人力规划”最流行的时期。作为各级教育和人才培养的基础，大规模人力预测的结果对职业教育的影响尤为突出。福斯特对此持批评态度。他对人力预测的准确性表示怀疑。他认为，随着市场环境的变化，很难准确估计经济汇率部门的增长率。

福斯特强调，“职业教育的发展必须以劳动力市场的实际需求为出发点”。一旦经济增长速度不足以消化和吸收人力资源规划培养的人才，就会加剧社会失业状况，造成人力资源和物力资源的浪费。所以福斯特担心人力规划的后果。他支持“与实际发展密切相关”的“小规模”职业教育计划，反对“大规模”劳动力计划。因此，他指出，在计划经济条件下，大规模规划是不可行的，不过，与实际发展紧密结合的小规模计划是切实可行的。

(五) 职业学校谬论

福斯特指出，由于职业学校的办学成本高，培训设备难以满足实际需要，这种“学校形式”的职业教育办学模式存在局限性，职业学校内部存在一些无法克服的缺陷。巴洛夫

等人主张发展中国家的职业学校以培养初级和中级人才为目标。然而，发展中国家的职业学校的一些学生将职业教育课程视为继续教育的基石，因此，他们不愿意放弃继续教育的希望。此外，发展中国家的职业学校很难找到合适的教师，因此在学校学到的技能往往与实际的职业要求不符，学校设置的课程往往与就业所需的经验不符，职业培训与职业工作情况无关。因此，学生的期望与职业教育规划的愿望是背道而驰的。此外，职业学校的学制一般为三年，时间较长，无法对劳动力市场做出快速灵活的反应。基于上述原因，福斯特认为校本职业教育无法逃脱失败的命运。

（六）职业教育的重点是非正规的在职培训

比起企业在职教育培训，正规职业教育无疑需要更多的资金投入，也带来了更多的浪费，培训“产品”的标准和要求，企业比职业学校要了解得多得多，同时，企业也能够为在职教育打造良好的环境。因此，福斯特认为，“企业本位”的职业培训优于学校本位的职业教育。

（七）倡导“产学合作”的办学形式

福斯特认为职业教育必须进行大规模改革。职业教育的最大优势是在人才培养方面具有规模经济，但职业教育本身存在一些无法克服的缺陷。走产学研合作之路是发展职业教育的重要举措。为了缩小普通学校职业教育与实际工作情况的差距，可以改革课程形式，开设更多工学交替的“三明治”课程；应尽可能在企业中开展实践课程；此外，在学生方面，可以招聘在职人员。从实际行动来看，职业教育和培训将逐步从校本合作转向产学研合作。

（八）职教与普教的关系是互补关系而非替代关系

职业教育的发展应以扎实的通识教育为基础。随着社会的不断进步和社会生产力水平的提高，生产过程中对人才的基本文化知识提出了更高要求。同样地，学生若在基础理论知识上已经打下坚实的基础，他们将来会有更大的继续教育潜力，也更容易进行职业转换。在此基础上，福斯特指出，只有在通识教育的基础上，才能更好地实现职业教育。

（九）反对“普通教育职业化”

除大力发展职业学校外，还要在普通学校增设职业课程，实现“普通教育职业化”，这一观点是巴洛夫提出的。在福斯特看来，将普通教育职业化，不光无法实现普通教育原有的目的，同时也无法实现职业教育的目标。因此，福斯特反对发展中国家以“普通教育职业化”的方式开展职业教育。

(十) 农村职业教育要点

福斯特非常重视农村职业教育，对此他提出了以下几个主要观点。

第一，农民是农村职业教育的对象。

第二，向农民推广生产新知识、新技术、新理念是农村职业教育的主要任务。

第三，农村职业教育应直接关系到当地经济发展和农民收入。农民非常重视实用的东西。只有看到科技带来的实际效益，他们才有求知欲和获得欲，才能真正提高收入和生活水平。因此，福斯特认为，农村职业教育必须重视农民的求知热情。

福斯特经过长时间的调查研究与理论研究，得出职业教育思想这一理论成果，具有坚实的理论基础和实践基础。例如，职业教育的发展基于市场用工需要这一基本前提，开展职业教育不应该依赖通过简单预测得出来的人力资源规划，开展职业教育和培训应以扎实的通识教育为基础。实践证明，这些理论仍然符合当前职业教育的发展。20 世纪 60 年代，福斯特提出了他许多主要的教育理论，这些理论很多在当下仍然具有重要的现实意义。重视产学研合作，注重培养人才的实际工作能力，既是职业教育历史上的永恒主题，同时，也是世界各国对职业教育的主流认识，这一观点最早由福斯特提出。职业教育不同于研究型高等教育，不需要太多的先进理论和知识。对于职业教育来说，技能比研究更重要，动手操作比理论思维更重要，更注重实践知识的教学。因此，福斯特认为，“我们应该改造职业学校，走产学结合的道路”，这是一个先进的战略定位。

然而，福斯特的理论也有很大的局限性，他的理论核心几乎是完全否定“学校形式”的职业教育。福斯特当时对校本职业教育的消极态度显然与我国的实际情况不符，这是毋庸置疑的。实际上，中国职业教育发展的主体依然是职业院校。校本职业教育在我国的教育领域是基本的教育类型，已在《中华人民共和国职业教育法》中予以规定。学校形式的职业教育有其不可替代的优势。学校形式的职业教育既能进行文化知识的传授，还能培养学生的人文素养，同时，具有规模上的有利培养条件，因此，学校形式的职业教育依然是主要的职业教育方式，在发达国家也是如此。通过办学形式、课程体系和教学方法的改革，能够有效避免职业教育在这些层面上的不足与局限。福斯特提出的职业教育思想，在当时更多的是在非洲发展中国家开展教育实践，这不可避免地有其局限性。此外，在多元化的世界环境中，同一个国家不同地区的人们对职业教育的需求也是多方面的，提倡多种形式的职业教育。

第三节　产教融合促进高等职业教育发展的作用

产教融合就是教育与生产的有机结合，实现理论知识与实践知识教学的有机协调与融合，提高实践能力。通过校企合作、产学研结合，为学生提供更多的实践机会，使学生不仅能学习理论，还能培养学生的岗位能力和实践水平。在资源整合和优化配置下，产学研融合将政府、社会组织、企业、学校等有机结合起来，实现优势发展，扬长避短，优势互补，提高教师素质。产教融合对高职教师提出了新的要求和挑战。高职教师只有不断自我完善，才能适应工教结合的教学要求。基于此，产教融合有利于提高教师产教融合水平，促进教学改革。产教融合是高等职业教育的一种创新形式，也是高等职业教育的一种新方式、新理念。在探索和发展产教融合教学模式的过程中，高职教育的课程设置、教学内容和评价方法都面临着调整和改革，这将进一步推动高职教育的改革。通过创新教育形式、整合教育教学的资源、提高产教融合的水平，达到提高学生岗位技能和实践能力、满足社会需要的目的，这是产教融合的根本任务。为了促进企业的高速和高质量发展，产教融合这一理念和教育模式有利于企业的技术革新，有利于生产水平和效率的提升，由此可见，产教融合是实现学校和企业共同发展、全面提升的有效途径和重要手段，是社会价值和经济价值、高职教育价值的集中体现。产教融合促使高职院校按照企业的需求培养人才，并将理论学习与实践知识的传授和科学研究结合起来，为企业发展提供强有力的人才支持和智力支持，提升我国企业的综合实力，促进社会主义市场经济的高速和高质量发展。

一、有利于专业定位和建设

企业和高职院校紧密合作，当社会经济发展的路径发生变化时，企业能够第一时间感知到，企业将所需要的人才培养标准及时传达给高职院校，高职院校及时做出响应，使专业定位始终跟上时代的步伐。从教育的角度来看，近年来，职业学校一直是培养新型技术型和技能型人才的主体，这是我国职业教育的一大特色。在经济领域，工业企业与正规的人才职业准备教育相对分离。高职院校对人才和研发需求旺盛，但困难重重。企业拥有丰富的技术专家，对行业所需人才有明确的定位，能感受到专业定位和学科发展的脉搏。产学研结合、校企合作培养技术型和技能型人才是国际职业教育成功国家的普遍规律。

呼吁和渴望工教结合、校企合作、培养技术和技能型人才，在中国有着深厚的教育和经济背景。从经济上来说，我国的工业化发展处于中期阶段，正在全力实现产业转型，构建以创新为发展驱动力的现代新型产业体系，对复合型、创新型、技术技能型人才的需求迫使工业企业进行变革。

党的十八届三中全会指出，全面深化改革的总目标是完善和发展中国特色社会主义制度，推进国家治理体系和治理能力现代化。制约职业教育发展的主要问题是现行职业教育体制机制不畅，政策措施不协调，发展动力不足，承担主体和参与主体缺位，相关制度不配套，这些问题成为推进国家治理体系和治理能力现代化的新阻碍。国家经济发展和社会和谐与职业教育的发展密切相关。职业教育肩负着为全社会培养高技能人才的重要任务。

它也是一种与社会和经济发展密切相关的教育。现代职业教育治理能力和治理体系是国家治理体系和治理能力现代化不可或缺的组成部分。这对全面深化改革、推进国家治理体系和治理能力现代化具有重要意义。当前，与人民群众的期望和我国经济社会的需要相比，职业教育的发展仍面临诸多困难。改革开放以来，在政府和各部门的积极努力下，职业教育的发展虽然取得了巨大的成就，但是从表面上看，许多问题似乎存在于职业教育本身，但其本质是由职业教育的外部体制和机制造成的。

中国职业教育校企合作创造了工学交替、校内工厂、“政企联动”、“订单式”培训等具有区域产业特色的校企合作人才培养形式，在职业教育发展过程中，形成“合作教育、合作就业、合作办学、合作发展”的校企合作人才培养理念，特别是对于参与者来说，他们深深体会到我国校企合作制度与政策的不完善之处，迫切需要国家出台有关规章制度，进行职业教育领域的改革与顶层设计，我国职业教育领域，尤其是在校企合作上，尚存在许多问题亟待解决。职业教育承担的技能型人才培养任务，需要工业企业和职业院校共同承担。越来越多的企业、高职院校和社会各界达成共识，实施校企合作、工学结合的职业教育人才培养模式是培养技能型人才的有效途径，这正是职业教育根本特性的反映。基于治理理论的指导，吸收和学习国内外行之有效的经验，明确不同治理主体之间的权力与责任关系，构建一个完善的治理体系，形成完备的治理评估指标，实行管理、评价分离，对于经济的发展和社会的进步，具有十分重要的现实意义。

一是促进中国社会民主的全面提升，增加终身学习的渠道和人们学习的机会，加强职业教育治理体系和治理能力现代化研究，依靠职业教育改善就业环境，提高国民素质和发展能力，营造幸福生活的民主和谐局面。

二是要进一步完善职业教育管理体制，实现职业教育管理能力的现代化。

二、有利于课程建设

课程体系是学科发展的载体，企业岗位的各项技能都需要通过课程体系来实现，通过相应课程来培养对应的岗位技能。我们选择了经济快速发展，对地方政府了解充分、政府政策环境宽松，企业投入大、参与职业教育意识强的地区为样本，对全国校企合作方对政策的需求和校企合作中存在的问题进行调查。调查发现，高职院校校企合作既存在老问题，也存在新问题。我国职业教育校企合作存在五个层次的问题：企业、高校、学生、政府和行业。在我国经济转型与产业结构升级的当下，上述问题成为系统培养适应国家经济社会发展现状人才的主要障碍，不利于高端技能型人才的培养，对此，我国有必要在政策方面加以重点关注。政府需要全面考虑解决方案，促进合作的发展和深化。在职业教育中，学校与企业出现的众多合作问题，往往是因为企业的参与程度不足，这在一定程度上体现了我国经济领域尚未建立起支撑产教融合发展的体系。产业与教育的融合不仅是一个经济系统、产业系统，还是教育系统不可分割的一部分。企业对岗位职责有全面了解，能够对各类工作的工作任务和职责进行详细规划。通过这些计划，岗位责任标准转化为课程标准，企业项目实例转化为课程教学案例。

三、有利于提升教师的社会服务能力

学校和企业经常互派人员进行轮岗培训，企业也经常派出专业技术人员为教师和学生授课，这有利于提高教师和学生的实际操作水平。高职院校把教师送到企业培训，在企业生产一线，教师的实践能力可以大大提高。当前的重要任务是研究和探索校企合作促进政策的制定和实施。这项重要任务需要深入挖掘存在的问题，用理论分析其原因，并从国家宏观层面思考解决方案和思路。中国第一部促进地方职业教育校企合作条例于 2009 年生效。条例定明确了高职院校、企业和政府部门的职责，为防止学生在实习期间发生意外伤害事故、保护商业秘密提供了法律依据，为促进校企合作的可持续发展提供法律依据，为高职院校校企合作的健康发展提供法律保障，这是完善中国地方校企合作法律法规的重要标志。随着社会经济的不断发展，我国职业教育的主体是职业学校，职业学校主要由教育部门管理。所以，无论对教育部门，还是其他单一部门，职业教育之中学校与企业的跨领域、跨部门合作问题都是棘手的难题。

中国的基础教育政策是教育与生产劳动相结合，培养全面发展的人才，这样的政策能够以宏观思想框架的形式，帮助和促进我国在职业教育领域出台有关学校与企业合作的促进政策。职业教育所采取的培养模式是校企合作教育模式与工学结合的教育模式，从应用和技能的层面培养人才。这一基本做法符合中国的基础教育政策，许多区域正逐渐形成成熟的校企合作机制。

大部分高职教师都没有太多的项目及企业实战经验，高职教师普遍存在接触的理论知识较多，但实践方面的技能比较缺乏的问题，高职教师通过产教融合可以提升教学能力和教学水平。教师在企业真枪实干，掌握好的技能后，再结合自身丰富的理论知识，就可以提出有创新性的想法，帮助企业解决实际问题，帮助学生就业后尽快适应岗位需求。基于此，国家需要从教育、经济、劳动三个方面建立法律框架，协调职业教育校企合作政策，对其进行顶层设计。目前《中华人民共和国教育法》《中华人民共和国劳动法》《中华人民共和国职业教育法》关于教育与生产劳动相结合的规定，以教育为依托的经济建设和职业教育的校企合作，以及为经济建设服务的教育对促进校企合作的发展起到了一定作用，其规定大多是宏观规定，这与建立良好的产学研结合的职业教育体系还有很大差距。为加快建立全国职业教育产学研一体化校企合作体系，提供宏观法律框架，国家应修改现行法律，增加劳动、教育、经济三个领域的相关法律。调查显示，参与职业教育的企业需要政府优惠和补偿政策的引导。因为在企业可以为职业学校提供的资源中，培训设备和学校资金的提供处于最底层。

四、有利于学生就业

企业参与人才培养的全过程，根据自身的人才定位进行人才培养，使学生在第一时间掌握行业最新技术，毕业后进入相关企业工作，有利于提高就业率和就业、产教一体化水平。根据职业教育校企合作的异同，职业教育校企合作采用了一定的标准和方法，并根据一定的原则对校企合作进行了系统的分类。本研究主要根据企业采用的生产模式、参与者、企业依赖的人力资本类型以及校企合作涉及的专业类别，对校企合作进行分类。为了寻找不同类型校企合作的政策需求，本书还重点分析了各类校企合作的特点。在各类校企合作中，并不是所有类型的企业都能积极参与校企合作。例如，手工生产模式下的企业和知识依赖型企业的合作意愿较低，参与形式单一，范围狭窄。因此，这些校企合作不应过度鼓励或执行，政府和各部门应加强指导。在政策上，应引导手工生产模式下的企业参与校企合作。手工生产模式下的校企合作，学徒培训技能全面，合作周期长，基本保证了产教融合水平。体力依赖型企业对高职院校的学生有极大的热情，需要实习生在职工作，但体力依赖型企业不适合培养人才。这类型企业的一线工作容易上手，具有较高的重复性，实行按件计酬制度，没有专业上的区分，技术含量不高。对于高职院校而言，体力依赖型企业十分不利于技术型和技能型学生的培养，政策不应鼓励校企合作。

第四节　市场经济对高等职业教育产教融合的影响

对人力资源的需求必须与社会主义市场经济密切相关。特别是随着我国经济的发展和经济发展路径的调整，对人力资源的需求逐渐呈现出多层次、多方向的特点。高职院校作为社会主义市场经济的重要主体，有其自身的独特性，这就要求高职院校积极参与社会主义市场经济的运行。让学生适应市场需求，让市场需求与高职院校的办学宗旨紧密相连，高职院校的发展实践也证明了这一点。高职院校的独特之处体现在，它是经济社会发展到一定的阶段而孕育并形成的新型高等教育学校。中国正处于全面深化教育领域综合改革的特定阶段，促进产教结合不仅是高等职业教育发展的生命线，也是职业教育发展的重要趋势。因此，在高职院校的发展过程中，为使自身进一步优化教育教学，对于人才的培养要更好地符合劳动力市场的实际需要。本研究以社会主义市场经济为背景，进一步探索产学研结合，更好地发挥中产阶级教育对于高等职业教育的重要作用。

一、市场经济背景下高职院校产教融合的角色定位与实施标准

校企合作从“就业需求”和“人才培养”两个切入点展开。在这个过程中，要科学定

位产教结合中的各个学科，在实施过程中明确相关标准，促进其有效发展。工学结合的终极追求和根本立足点是为学生服务。在产教结合的办学过程中，其宗旨是为学生服务。产教结合的目的是如何使学生树立正确的就业观念，提高学生的实践能力。学校和企业不仅要帮助学生树立自己的求职观，还要培养学生熟练的职业技能，通过校企联合教育的方式取得成效。学校只靠企业要求的“秩序”培养学生，必然存在弊端，甚至会偏离产教结合的根本目的。如此一来，将更加凸显高等职业学校在产教结合发展过程的主体作用。高职院校作为开展产教结合的主要部分，为当地提供实用性人才，满足市场的用工需求，是其永恒不变的发展主题。在人才培养、满足经济社会发展需要的过程中，高职院校做出了许多贡献，如学生岗位实习、合作办学、创建实习基地等。因此，在我国校企合作办学模式中，高职院校已成为产学研结合的积极推动者。正因为如此，各地的高职院校已成为合作教育的主体。在我国，部分高职院校所取得的成果已经得到了很多相关政府部门和社会大众的认可。与中等职业学校相比，高职院校在与企业合作项目方面具有较强的产品开发和实践工作能力，为行业教育一体化的发展奠定了坚实的基础。在政策协调和制定、法律和财政支持方面，虽然政府不在产学研结合的具体实施范围内，但是对高职院校和企业具有宏观管理的职能。毫无疑问，企业和政府在推动和促进生产与教育一体化方面发挥了作用。西方发达国家已经制订了许多法案，以确保学校产教结合的顺利进行，因为政府的推动和支持极大地影响了高职院校产教结合的发展。同时，为了满足企业自身发展的需要，企业是产学研结合模式的巨大受益者。由于企业对科研成果和人才储备有需求，将通过高职院校培养人才。要想使产教结合取得成功，最重要的是提高企业参与教育工作的责任意识。因此，从另一个角度来看，产业与教育的融合是一个良知工程。由于社会环境的变化，如果有来自社会和政府的监督，企业在参与产学研结合方面将更有说服力和道德感，从而形成良性的生产和教育保障体系。产学研一体化的立体化标准是社会主义市场经济背景下的需要，产教结合的实质是培养出符合经济社会发展需要的人才。从表面上看，连接学校和企业之间人才供应的纽带是工业和教育的结合；从更深的意义上讲，工业与教育的融合肩负着自己的使命，高职院校应实现人才“需求”与“供给”的对等。要着眼于如何培养人才，如何实现人才与企业需求的相对联系，以促进经济发展和社会进步，培养更多高素质人才，产教结合主要包括以下三个标准。

首先，高职院校所制定的培养标准应当与社会各行业所具有的专业标准相符。也就是说，它将跳出高职院校固有的教育模式，为学生的发展找到一个新的培养体系，使学生不受旧规则和传统的约束，找到行业需求和学科发展的结合点，使越来越多的行业模范人才与管理人才参与到高职院校培养人才的过程之中，提高高职院校学生的理论知识水平与实践技能，遵从学生的信念，从而提高学生的专业水平。其次，高职院校要模拟企业的经营环境。在许多企业的专利申请中，“学生专利”占了很大比例，因此，高职院校有必要提高实践能力培养在人才培养中所占的比例。高职院校可以通过对企业具体场景进行模拟，来有效加强学生实践能力的培养。这有利于避免与实际相脱离的弊端，使学生能够快速将专业基础知识转化为实际应用，不但改变了他们的思维，而且提高了他们处理实际问题的能力。最后，高职院校的招生数量应当符合市场对于人才的数量需求。在开设某个专业之前，高职院校需要开展大量市场调研，对行业内的人才缺口进行统计，进而确定是否开设某个专业，以及所开设专业的规模大小。如此一来，能使高职院校培养下的人才与劳动力市场的需求相符合，同时也有利于确保学校、企业、学生三方的自愿与平等，缓解了中国企业应用型技术人才的短缺，缓解了学生的就业压力，缓解了因就业导致的社会矛盾。

二、市场经济背景下的产教融合

随着我国社会主义市场经济体制的不断发展和完善，社会对高等职业教育提出了新的任务。在高等职业教育人才培养不断与市场接轨的趋势下，产教结合也是社会主义市场经济背景下高等职业教育发展的新趋势和方向。在人才培养过程中，要破除“基础研究人员”和“一般操作人员”的误区，使“技术实用型、动手能力和脑力兼备的人力资源”成为提高产教结合水平的关键。因此，随着我国经济改革的不断深化，高职院校必须顺应当下的经济环境，改变传统的人才培养模式，通过转型与改革，尽快与新的经济环境相适应。所以，作为培养技术人才的关键主体，高职院校应当进一步深化对于人才实践能力的培养，通过产教结合，有效地将理论与实践结合起来，实现学生实践能力的培养。因此，高职院校是在我国社会主义市场经济的基础上不断发展的，只有抓住市场动向，提高积极性和主动性，才能提升自身的核心竞争力。高职院校人才培养的目的就是培养一批扎实理论知识与强大实践水平兼具的人才。

因此，在办学目的和培养目标上，主要针对生产、基层和管理服务，实用型和技能型人才是他们教育的高级阶段。在教学过程中，要注重实践操作，突出和发展学生的实践能力。在竞争激烈的市场环境中，因为用人单位自主性的提高，以及企业用工需求的转变，市场对于人才的管理能力提出了更高的要求。产教结合是高职院校实现教育目的的有效途径，能够帮助高职院校的人才培养活动与市场的用工需要及发展规律相符，使高职院校所培养的人才具备更高的技术能力，与企业的生产变化相顺应，从而为学校的生存与发展提供保障。

高等职业教育具有“高等”和“职业”两个基本属性。在社会主义市场经济背景下，我国高等职业教育没有科学处理两者之间的关系。高职院校在培养学生的过程中，没有必要追求过高的技能，这不是社会当下的需要，反而会阻碍人才的发展，与高职教育的独特性脱节。社会主义市场经济的发展要求高职院校实行产教结合，实现人才的科学培养。高校是社会主义市场经济的主体，其办学的目的是和市场需要紧密联系在一起的。对于我国的社会主义市场经济而言，一个重要特性就是市场主体的多元化。在社会主义市场经济环境中，要求各种形式的主体能够平等地参与市场竞争。在我国经济背景之下，竞争对于生存与发展而言都是必要的，竞争具有普遍性与自发性。

社会主义市场经济的发展要求高职院校提高产教结合水平。在教师教学能力方面，由于高职院校教师数量有限，教师普遍重视学生的学术研究能力，忽视学生的实践能力。在人才培养方面，难以有效实现为企业提供有效服务的目标。在社会主义市场经济背景下，由于毕业生就业难等问题，高职院校需要进一步推进产教结合的教学模式。目前，随着我国社会主义市场经济的持续进步，人力资源市场的竞争越发激烈，企业更青睐于选择实践能力强的人才。在我国高等职业教育体系中，学生培养仍沿用传统模式，难以满足市场对人力资源的需求。高职院校毕业生顺利就业的一个重要因素是满足建设、生产、管理和服务的需要。如果他们缺乏这种适应能力，就会不可避免地出现高失业率。高等职业教育的培养模式关系到市场对人才的需求。新的培训模式可以有效地解决这些问题。产教结合有利于培养学生的实际工作能力，提高其对将要从事职业的认可程度，使学生对能力目标形成清晰的认识，深刻了解市场需求的变化，满足企业需求，在此基础上谋取发展机遇，同时，有利于减轻学生毕业之后的就业压力。所以，高职院校应在我国特有的经济体制环境之中，以产教结合作为人才培养模式，在激烈的劳动力市场竞争中赢得胜利。

三、市场经济背景下产教融合机制的构建

产教结合是高等职业教育过程的本质，是高等职业教育改革与发展的关键。产教结合涉及内容十分广泛，同课程建设、文化整合、教师晋升等多个领域和多项内容相联系。政府相关部门应当建立和完善与之配套的政策法规与法律体系，形成发展产教结合教育模式的指导性思想。“产教结合”的人才培养模式是在遵循职业教育发展规律和“服务型、就业型”职业教育方针的基础上进行的“将培养模式转变为以学校为中心、以传统课堂为中心的模式”，帮助学生通过创新创业能力完成学业，加强实践环节，促进就业，实现高等职业教育人才培养模式的根本转变。

从法律法规而言，政府应当提供并完善法律法规，以促进校企合作，发展产教结合。我国在职业教育领域的法律对于校企合作、产教结合等的规定还不完善，现有规定过于原则性和模糊性。因此，应当通过规则来提高企业参与一体化生产和产教一体化的积极性，规定不履行义务的法律责任，制定法律法规和相关税收优惠政策。同时，政府要继续加大对产学研结合和校企合作的支持力度，通过政策法规支持产学研结合的发展。

在人才培养的具体过程中，要建立行业基础课程和优秀的企业文化，通过这种文化渗透，更好地实现产教结合中对企业文化的认同。此外，在课程教学和学科建设中，尤其是在产业教育整合的具体过程中，也应渗透产业文化，使学生作为企业一员，接受并认可企

业制定的标准与规定，通过工作逐渐感受企业文化与行业氛围。高职院校可以通过与不同专业特点的有效结合，让学生和员工在产教融合过程中参与社团和文体活动，将两种文化有机地结合起来。在校企合作基地建设过程中，还要对学生的工作价值观加强培养，高度重视产业文化教育，在此前提下，逐渐形成与提高教师和学生的文化精神与文化意识。高职院校可以结合专业特点，在产学研结合过程中，通过让学生和员工参与俱乐部和文化体育活动，将两种文化有机地结合起来。在校企合作基地建设中，要高度重视精神文化的工作价值观，把产业文化教育贯穿于教育的各个环节，不断形成师生的文化意识。并且，政府有必要考察当地的经济、教育、文化等的发展状况，因地制宜地制订产学研结合的具体实施措施和意见，通过这些实施办法和规定，进一步推动产学研一体化的高速高质量发展。为实现“产教结合”中的文化融合，建立企业组织进行统筹规划。在产教融合过程中，要牢牢把握文化价值主线，通过学校文化与企业优秀文化元素的融合，促进产教融合中的文化生成。通过将企业文化引入校园、引入教材、引入课堂，构建合作文化的载体，提高高职院校师生的文化素养。

交易性制度在“产教结合”的发展过程中也非常重要。由于行业、企业、学校三者之间没有建立起有效的合作与沟通机制，高职院校所指定的人才培养标准便无法符合企业对人才的定位。因此，有必要建立一个“产教结合”的企业组织，并高度重视在这一过程中将增加产业作为一个重要因素。设计一定的机制与制度，建立处理有关事物的权威机构，同行业机构展开合作，统筹与规划产教融合发展过程中出现的各种问题，有效发挥政府和行业的主导作用，深化企业对产教融合发展的主导性作用。“产教结合”企业组织还能够帮助企业形成良好的企业价值观，更好地完成校企合作的教育任务。解决这一过程中的问题和纠纷。学校与企业共同开发、实施优质骨干课程和一体化师资培训，构建产学研一体化的分级保障机制和评价体系。

课程建设作为学科发展的重要基础，是高职教育人才培养的核心环节。在产教融合的过程中，课程开发应充分发挥高职教育与企业的联合作用，使实践课程有效实施。围绕实际，通过各种项目和任务在职后活动中开展培训实践。根据职业能力培养的要求，整合专业岗位的课程内容，落实基本技术知识、素质和工时，实施“教、学、做”有机统一、职业技能培训与职业培训有机统一的系统课程体系。从课程的功能上看，传统的只强调技能和知识的思维方式应该转变为同时强调学生的情感态度、价值观、学习过程和方法的思维方式。

“工教结合”作为一种教育模式，反映了高职教育的思想理念。所以，在开展“工教结合”的过程中，高职院校要面向社会与未来，为经济与社会的发展提供服务，增强与企业的合作程度，实现市场的周期性、短期性同培养人才的长期性的有效结合。企业还应明确认识到，支持和配合高等职业教育是企业的责任和义务。高职院校还要把握实习学生的巨大潜在价值和科学认识价值，在这一基础上，进一步发展产教结合。想要向“工教结合”的教育模式转变，高职院校离不开社会主义市场经济的支持，无论是经济转型、产业升级，还是高职教育的发展，都需要企业提供助力与支持。

作为人才培养计划的执行者和实施者，教师的专业程度与专业素养是影响“产学研一体化”的直接因素。高职院校要改善师资建设，转变旧的学术倾向，通过“一体化”师资培训，使教师具备更高的实践水平，能够更好地开展学生职业技能的培训。与区域或地区经济发展的需求相符合，是高职院校发展的一个基本目的。在制定课程标准时，要充分吸收优秀企业一线管理者的建议，制定突出专业岗位核心竞争力、职业资格考试与职业素质相结合的课程标准。具体来说，教师的工作技能可以通过企业实践、专业培训等形式来提高，但在此过程中，要认识到目前企业的技术发展程度。除此之外，将“双向临时职位”作为一种岗位机制，这对于教师专业素养的提高发挥着十分重要的作用。高职院校有必要建立并完善自身的教师培养制度，使教师定期到企业进行临时岗位实习和学习。同时，企业专业人员也要及时到学校授课，使企业综合技术骨干和教育专家能够指导学生进行产教结合的培训和实践。在产学研结合的过程中，高职院校还应根据经济社会发展和企业需求，建立和完善适合产教融合的层级保障机制和评价体系。这种产教融合的层级保障机制和评价体系应与学校、行业和企业紧密结合起来，产教融合的全过程、全方位的监控和反馈机制应从校内延伸到校外。要牢牢把握国家在发展过程中的专业标准、具体的特殊任务和具体的特殊工作流程，使行业、企业、学校三方实现全面对接，高职院校在此过程中使自身对于人才的培养与行业、企业的人才需求相对接，根据行业、企业的满意程度建立评估指标，形成完备的教育评价体系。

第二章　跨境电商人才培养概述

第一节　跨境电商理论

一、跨境电商的概念及特点

（一）跨境电商的概念

起初，跨境电商被视为一种新的贸易方式，是指不同国家或地区的双方以互联网或快递的形式通关，将传统贸易中的展示、谈判、交易环节数字化，是用贸易方式来实现产品的进口与出口。随着我国跨境电商的高速发展，贸易规模不断扩大，跨境电商的概念不断延伸，它是指不同国家或地区的贸易主体通过跨境电商平台进行交易、支付和结算，并通过跨境物流配送货物，完成一项国际商务活动的交易。

（二）跨境电商的特点

1. 全球性

传统的国际贸易主要表现为两国之间的双边贸易。即使存在多边贸易，也是通过多重双边贸易来实现的，呈现线性结构。与传统的交易方式相比，跨境电商的一个重要特点是它是一种无边界的交易，失去了传统交易的地理因素。跨境电商可以通过一国的贸易平台实现与其他国家的直接贸易。与贸易过程相关的信息流、业务流、物流和资金流逐渐从传统的双边流向多边，呈现出网络结构。互联网用户无须跨越国界就能将产品，尤其是高附加值的产品和服务带入到全球市场。只要有一定的技术手段，并且在任何时间、任何地点，信息都可以进入网络，就能与他人建立联系和交易。

2. 数字化

互联网的高速发展使数字产品和服务的交付变得流行。随着信息网络技术应用的不断深入和推广，数字产品（如游戏、软件、电视、电影等）和各类贸易快速增长，跨境电商无论在消费还是销售领域都越发流行，与旧的实物消费与销售相匹配的国际贸易监管体系无法有效满足跨境电商的交易需要，尤其是数字产品的跨境贸易尚未纳入有效监管，尚未纳入海关等相关政府部门的统计数据和关税征收范围。跨境电商作为具有独特数字传输形式的一种商务活动，所具备的隐蔽性导致税务部门的监管难度大大提升，税务部门所得到的商务交易记录都表现为电子数据，相关人员难以精确地核查与计算，这给税务机关的工作增加了极大的难度。网络的发展还降低了纳税人逃税避税的成本，使跨境电商的避税变得越来越容易。目前，电子货币在全球范围内变得越来越流行，有些避税的网上银行提供避税服务，美其名曰“税收保护”，帮助纳税人逃脱税务监管，不受限制地将全球各地的收入汇入其中，从而避免缴纳所得税。①

3. 即时性

就网络而言，传输速度与地理距离无关。在传统的信息交换交易模式下（如邮件、电报、传真等），信息的发送和接收之间存在时间差。然而，跨境电商中的信息交换，无论实际距离有多远，一方发送信息，另一方接收信息几乎是同时进行的，就像生活中面对面的对话一样。一些数码产品（如音像制品、软件等）的交易，它的即时结算、下单、付款、送货，可以在瞬间完成。

跨境电商的交易具有即时性，一方面，大大提升了交易双方的沟通效率，降低了沟通成本，免去了传统商务交易中大量的中间环节；另一方面，也引发了许多潜在的法律危机。就税收领域来说，跨境电商交易的这种特性使得交易活动更加随意，交易双方可以随意地启动交易，也能随时执行交易变更与交易停止操作，税务部门难以实时把握交易主体之间的实际交易情况。这种状况既使得代扣税款、代缴税款等控制手段失去原本效力，还容易导致纳税人随意对待税法。并且，税收领域的税收征管制度跟不上商贸交易迅速发展所带来的变化，进一步加大了征税的难度。

4. 直接性

在传统的国际贸易中，一国的进出口商通过另一国的进出口商进出口大量货物，然后通过国内流通企业的多层次分销，到达有进出口需求的企业或消费者手中。通常，进出口环节多、时间长、成本较高。在跨国企业之间、企业与最终消费者之间的直接交易，跨境电商可以通过电商交易和服务平台来达到进出口环节少、时间短、成本低、效率高的效果。

---

① 赵慧娥，岳文. 跨境电商［M］. 北京：中国人民大学出版社，2020.

5. 小批量、高频度

通过跨境电商交易平台，不同国家的企业、消费者之间能够完成跨境交易。跨境电商的服务往往针对单个的企业与企业之间，或是单个的企业与消费者之间，大多数是小批量甚至单件的，通常是即时按需购买、销售和消费。与传统贸易相比，跨境电商的交易频率更高。

二、跨境电商的发展现状及趋势

（一）跨境电商的发展现状

1. 市场规模

中国跨境电商产业的发展远远领先于世界其他国家和地区。根据第三方机构 iiMedia（艾媒）发布的《2016—2017 中国跨境电商市场研究报告》，2016 年中国进出口跨境电商（含零售及 B2B）整体交易规模达到 6.3 万亿元，是 2013 年的两倍多，2016 年中国海淘用户已达 4 100 万人。艾媒统计，2018 年，中国跨境电商交易额已达到 8.8 万亿元，“海外购物”用户规模已达 0.74 亿人。业内人士表示，国内消费者对优质产品的日益关注，已逐渐将“海外购物”的浪潮从母婴用品扩大到美容化妆品、数码产品、百货商店、服装袋等品类。随着越来越多不同年龄和需求的消费者进入，“海外购物”电商的业务量也在不断增加。

跨境电商通过互联网建立网络化的运营方式，从而取得了巨大优势。跨境电商作为新的电子商贸模式，为中小企业提供了新的跨境贸易流程。它使过去国际贸易中上游企业对于贸易渠道的垄断被打破，帮助出口企业与零售商等产品需求者直接对接，消除了大量的中间环节，降低了交易成本，从而使企业能够获得更多的利润，最终消费者的购买成本也大大降低了。

自 2011 年以来，随着进出口增速放缓，跨境电商凭借新的贸易模式获得了快速发展。许多传统企业已经发现了这一优势，并于 2013 年开始进入跨境电商领域。跨境电商已成为传统企业发展的重要选择。

2. 发展形式

目前，跨境电商有三种发展形式。首先，传统的商品制造企业、贸易企业、中间人等在跨境电商平台提供产品信息，借此寻求交易机会，在平台网站上提供或大或小的跨境贸易批发服务，支持线上交易；其次，在跨境电商平台上通过开设店铺，以零售的方式将自身产品销往国外，与全球各地的企业、消费者实现直接对接；最后，企业建立自身的跨境电商平台，以在线零售的方式为全世界各地的企业和消费者提供产品与服务。

跨境电商按销售平台可分为 B2C 模式和 B2B 模式。通过对中国跨境电商 B2B 模式和

B2C 模式的现金流、盈利模式和盈利能力的比较，可以发现，将来 B2C 模式会迎来大规模的恐怖增长，并在我国的跨境电商领域中占据更多的市场份额，是我国中小企业未来发展新的利润增长点。

B2C 模式为何会实现爆炸式增长？首先，在开放的互联网环境下，B2C 模式更容易突破边界约束，在细分、小众、长尾等商品市场领域获得更多发展机遇。对比部分地区激烈无比的市场竞争，B2C 模式无疑可以创造更多的商机。其次，B2C 模式通过线上与消费者直接对接的零售方式，能够取得更为实时有效的市场信息，可以更好地符合市场的流行趋势，B2C 平台或网站还能帮助企业打造良好的企业品牌，在国际市场上成为品牌符号，而不是传统的 OEM 工厂。最后，B2C 模式不同于过往的外贸交易，其为商品企业与商品消费者之间搭建交易渠道，避免所有中间价格上涨。客户可以享受更优惠的价格，而企业可以获得更多的利润。

3. 结算方式

在跨境电商运营中，网上批发大多采用传统的清关物流和结算方式，如邮政汇款、银行转账和信用证。近年来，全球开始探索在线大额第三方支付模式。网上零售主要以商业快递和个人邮件为主要的通关物流模式，并派生出“几百件货物”的模式，集中包裹后，通关到香港，中国办理转船和散装货物的海外仓库转运。网上零售结算采用网络结算，包括第三方支付、信用卡支付、邮政汇款、银行转账等支付方式。

跨境电子支付业务的外汇资金流动不可避免地涉及外汇的收付以及结汇和售汇。从目前支付业务的发展来看，我国跨境电子支付结算方式主要包括跨境结汇收入（包括接受第三方结汇、以结汇名义结汇或个人分流、通过境内银行汇款、通过地下银行实现跨境结算等）及跨境支付汇款方式（包括第三方交易所、通过国内银行汇款、海外电气承包商接受人民币付款等）。

此前，由于监管政策、人民币的全球地位和非金融机构的业务处理能力，没有国内支付业务牌照的外国支付机构一直垄断着我国跨境电商的支付环节。但自 2010 年 9 月以来，中国人民银行发布实施了《非金融机构支付服务管理办法》，至 2015 年年底已颁发 270 张国内支付牌照，2010 年从政策层面开始逐步放开跨境支付市场，相比国内在线支付市场的激烈竞争，跨境电子支付将成为中国第三方支付企业的下一个蓝海市场。同时，第三方非金融机构的加入，一方面，为跨境电商支付市场引入竞争，推动行业快速发展；另一方面，也极大拓展了跨境电商支付市场。跨境电子支付结算方式促进了跨境电商的发展。

4. 政策背景

跨境电商政策支持力度不断加大，利好政策全面铺展。

政策一：海关总署组织示范城市开展跨境贸易跨境电商服务试点工作，以解决使用邮件或者快件通关的跨境业务所存在的通关慢、结汇不规范及退税等问题。

海关总署通过开展跨境电商服务试点工作，制定相关的管理规范、标准与制度，提升通关管理水平与服务水平。

2012 年 12 月至 2013 年 10 月，跨境电商城市试点开始在全国有条件的地方全面铺展，致力于解决跨境电商中以快件或邮件方式通关的监管等问题。

试点工作的创新往往在以下两个方面：其一，确立新的业务规范，形成与跨境电商发展相适应的跨境电商管理体系。其二，通过新技术应用，构建一种数据共享机制。建立电子口岸协调机制，外加与平台合作，形成发展优势，使相关部门与电商企业、物流企业等实现业务上的协调与数据上的共享，解决跨境电商进行过程中出现的各种问题。

2012 年 12 月，由国家发改委、海关总署共同开展的国家跨境贸易电子商务服务试点工作在郑州启动，此会议标志着我国跨境贸易电子商务服务试点工作全面开始启动，首先在 5 个试点城市开始展开工作，签约城市有上海、重庆、宁波、郑州和杭州。选择的这五个试点城市，都有处于物品流通的中心、港口或者是产品生产中心的特点。这几个城市能够申报的商业模式共有四种，但是因为各城市有各自的特点，所以每个城市可以使用的商业模式是有限的。目前，海关总署已明确重庆、广州、上海等 28 个进口试点，除了这 28 个进口试点，其他试点城市只有出口资格。

政策二：积极开展跨境电商进出口试点的探索工作。

目前，出口工作和进口工作是跨境电商的探索所进行的最主要的两大模式。

在出口方面，主要采用海关总署明确规定的模式——“清单核发，汇总申报”来办理，以解决跨境电商出口退税及结汇的问题。据统计，我国在 2014 年 4 月 28 日之前在各试点城市，如上海、广州等城市再加上其他地方的出口业务，共有超过 250 000 万元的出口清单检查和释放，与 2013 年出口报关单合并后价值超 2 900 万元。

在进口方面，有两种模式运用最广：一是网上购物保税进口模式，二是直购进口模式。这两种模式在我国各试点城市中积极实行，各城市根据自身海关监管的作用与长处的不同，不同程度地实施相适应的进口模式。据统计，我国在 2014 年 4 月 28 日之前在各试点城市开展的进口业务的价值超 2 000 万元，共查验并且放行的物品有 6 万多件。

在进行了多次试验后，各个跨境跨贸易的进口电商试点城市先后推出了上海“跨境通”、宁波“跨境购”等政府主导的跨境电商平台。目前，进口方式主要有直接采购进口和保税进口两种，有我国政策作后备，保税进口这一方式更是展现出了相当不错的效果。

保税进口模式是指国外货物进入我国后，在保税区内临时存放。消费者购买后，作为个人物品离开该区域，然后用我国国内的物流通道将消费者购买的物品配送给买家。例如，上海的“跨境通”、郑州的“E 贸易”、宁波的“跨境购”、重庆的“e 点即成”。据宁波、上海海关信息，2017 年宁波海关共审核通过跨境电商进口申报单 4 592.96 万票，上海海关共监管跨境电商进口订单 1643.7 万单。进口的产品多是咖啡或是婴幼儿用的奶粉之类的食品。但看宁波方面的跨境进口业务，自 2013 年 11 月 27 日放行第一个跨境电商进口包裹以来，截至 2021 年 11 月 11 日 16 时，宁波跨境电商零售进口累计交易金额突破 1 000 亿元人民币。宁波地区的跨境电商零售进口商品以美妆用品、保健品、母婴用品、食品为主，占比近七成，商品来自 85 个国家和地区。除以上常规的商品以外，近年来众多来自中东欧国家的商品通过跨境电商渠道进入国内市场。2022 年宁波口岸跨境电商渠道与中东欧国家进出口额共计 450.4 亿元，同比增长 17.8%。其中进口 111.5 亿元，出口 338.9 亿元，分别同比增长 47.5%和 10.5%。这也是宁波市自中东欧国家近年进口额首次突破百亿元大关。

（二）跨境电商的发展趋势

我国的新兴产业——跨境电商从快速发展期逐渐过渡到成熟稳定期。当下，网络购物出现电商品牌意识增强、移动电商爆发式发展等趋势，洞察电子贸易新发展，把握电商发展新机遇势在必行。

1. 继续保持快速增长

从出口方面来看，卖家的分布越来越广，我国跨境电商的出口原本集中于苏浙沪粤等东南地区，现在已慢慢向我国中西部地区发展；产品类型也在改变，从 3C 类（计算机类、通信类和消费类）的电子产品转向一些新的产品类型，如户外的运动使用产品、服装服饰还有汽车配件等。我国的跨境电商发展空间逐渐扩大，前途逐渐明朗。

从进口方面来看，因为世界上也出现了很多其他新兴市场（如俄罗斯等国家），他们的不断进入、互联网技术的普及、基础设施的不断完善、政策的不断自由化，我国出口跨境电商空间进一步扩大。根据研究数据来讲，因为大环境、大背景的不断进步，各国的人均收入不断提升，相应地购买力也不断上升，加之互联网使全球化程度越来越高，物流的速度和方式也在不断地进步，还有网上支付水平的提高……跨境电子商务的复合年增长率逐年上升。

跨境电商作为中国的新兴产业，逐渐从高速发展期转向成熟期和稳定期。目前，跨境电商品牌知名度不断提升，移动跨境电商在网络购物中呈现爆发式发展趋势。洞察跨境电商新发展，把握跨境电商发展新机遇势在必行。

2. 出口占主导地位

从 2022 年上半年进出口结构来看，中国跨境电商出口占比达到 77.47%，出口依然占据超七成的比例，随着大量卖家的涌入，特别是海外消费复苏等影响，将为我国跨境电商出口行业带来新一轮发展红利。

3. “自营＋平台”类是主流

正宗的产品保证、价格优势、物流体验和售后服务将是跨境电商公司竞争的核心领域。跨境电商平台公司不参与交易，只为平台上的买家和卖家提供匹配机会，其综合竞争力主要体现在产品的丰富性等方面。然而，由于自营企业需要购买国外商品，对企业的财务实力和选择水平提出了更高的要求，主要体现在真正的产品保障和售后服务等快速反应的综合竞争力上。对于母亲和婴儿来说，标准化且易于运输的婴儿和幼儿产品（如用品和3C配件）是关键消费品。如果这些公司能够抓住市场热点，专有产品将能够在细分市场形成更强的竞争力。综合考虑，下一阶段跨境电商企业的发展方向应该是“自营＋平台”企业，整合丰富产品、正宗产品等多重优势。

4. B2C模式将迅速发展

全球跨境电商B2C市场规模的不断扩大是一个重要的背景因素。最近几年，我国的跨境电商中的零售行业不断增加，势头高涨。部分国产的电商企业都建立起自己的B2C网站，如兰亭集势、唯品会等。更多的外贸公司、外贸企业都用起了像是Amazon或是eBay以及速卖通这种第三方的电商平台来开展电子商务进行零售。中国的服装、家电，甚至是饰品和一些家居用品，各种各样的产品都通过B2C模式出口，中国制造也随着时代的发展在全球范围内占领出口高地。

5. 阳光化将是大势所趋

随着跨境电商规模的扩大，打开正门、封堵局部门、将灰色通关项目纳入邮政业务的法律监管越来越有必要。《关于完善跨境电子商务零售进口税收政策的通知》的实施对境外电商影响最严重。新政策规定了征收跨境电子商务所进口商品的税，包括货物的关税、货物的消费税以及货物的进口增值税。并且从2016年6月1日开始，我国海关严格查处“人肉”购买行为。

这样，公开透明的跨境电商不仅确保了跨境电商的正品销售率，还使我们的物流成本降低，商品销售后的服务体系也不断完善，这昭示着我国跨境电商的未来路。随着跨境电商阳光试点的不断推进和监管经验的积累，阳光模式将得到精简和制度化。

6. 保税模式潜力巨大

保税模式是商家利用大数据分析，通过航运和其他物流方式，提前向保税区进口潜在热销商品。国内消费者通过互联网下单后，商家直接从保税区发货，这更类似于B2C。与大宗、小型、缓慢的国际直邮相比，保税模式可以降低物流成本，一般是使用将同类型商品一起进口的方式以及使用航运这种相对便宜的物流方式。同时，从配送的速度上来说，在保税区发出的商品要比其他进口的商品快得多，甚至和国内网购几乎没有什么不同。从监管角度来看，商品的进口保税模式对我国提高税收的监管有着极大的作用。虽然保税模式对商户的资金实力提出了更高要求，但目前，我们国内首选的电子商务模式就是保税模式，因为它是最适合我国跨境电商的收款模式。但是走保税方式的话，入库的货物或是商品在清关这一步时可以作为个人商品来走程序的，无须缴纳传统进口贸易的增值税，这是会影响我国传统的进口业务的。所以，我国政府和相关监管部门在跨境电商的保税模式的探索道路上一直在努力，以期探索出更加优越、完善的政策。

7. 移动电商场景化和社交化

得益于智能手机终端的普及及物流快递行业的高速发展，最近几年中国移动购物市场保持高速发展态势，中国移动电商用户消费习惯逐渐形成。数据显示，从 2013 年的 2 679 亿元到 2019 年的 67 580 亿元，2022 年，全国电子商务交易额达 43.83 万亿元。中国移动电商市场交易额持续增长。移动端网购人群主要分布在 26～35 岁，其中专科及以上学历人员居多。移动端消费与 PC 端消费的最大不同，在于其场景化和社交化的特质。

三、跨境电商的分类

我国的跨境电商种类、模式多种多样，如最早的以中国制造等为代表的 B2B 网站，到后来在国家扶持下建立起来的各电商平台。

（一）按贸易对象分类

跨境电商根据交易的对象可以划分为 B2B（企业面向企业）网站，B2C（企业面向终端的买家、消费者）网站，C2C（商户面向终端的买家、消费者）网站以及 O2O（面向终端消费者的线下平台）网站。在这几种模式中，B2B 的跨境电商贸易规模是最大的，占据绝对的优势，原因是这种交易的规模巨大，此交易的大部分都是极其稳定的订单。因此未来几年的主力军还会是 B2B 模式。

然而，因为跨境电商贸易中的对象划分得越来越细，各种交易的订单也越来越细，呈现小批量并且碎片化的趋势。再加之与跨境贸易有关的，像是互联网或是物流中的新技术的涌现、贸易设施不断完善，B2C 商业模式的增长趋势极度快速，在当前的国际、国内形势下，B2C 这种商业模式是拥有符合时代特色的优势的：①利润空间大。B2C 模式可以创造商品流通的最短途径，与传统的贸易相比，B2C 模式直接使商品从生产过程跨越到消费者手中，省去中间的流通环节，获得最大的利润。②有利于企业树立良好的品牌形象。我们可以改变简单代理加工的局面，让我国的企业可以和海外市场对接、熟悉，把国内自己制造、设计、自主开发的产品推向世界。对市场有更快的反应。因为是直接面向消费者的商业模式，对市场需求相比其他模式更为敏感，满足各类需求的定制业务也能够提供给消费者。③市场广阔。因为 B2C 模式的贸易额不像传统贸易那样大，它的贸易比较小、比较灵活，并且市场压力不再集中。

数据显示，2022 年上半年我国货物贸易进出口总值为 19.8 万亿元，同比增长 9.4%，不难看出，跨境电商正迎来全新的历史机遇。

（二）按品类偏好分类

从销售的商品类别来看，跨境电商企业主要销售物流便利的小商品，如汽车零部件、电脑零配件、服装、家居园艺、3C电子、珠宝首饰等小型商品，并逐步扩展到汽车、大型家具等大型商品。据数据显示，2022年，新品消费、绿色消费、智能消费和工厂直供消费趋势明显。不断丰富销售的商品种类就是跨境电商拓展其业务规模的有效手段之一，有助于企业在市场中抢占更多的消费群体资源。跨境电商的发展对我们的生活产生的影响越来越深，物流与其他金融、互联网技术方面也随着时代的变化不断更新，跨境电商零售也必将继续扩大其涵盖的商品种类，以满足市场需求。

（三）按销售目标市场分类

从销售目标市场来看，比较成熟的、具有代表性的跨境电商出口市场有美国、英国、澳大利亚和德国。因为这几个国家商业水平比较高，物流以及金融方面都配置完备，消费者也熟悉跨境贸易的网络系统。在未来一段时间内，跨境电商的出口目标市场仍是这些国家，而且其仍有很大的增长空间。除了这些成熟的市场，推动着跨境电商出口行业的新动力还有各类新兴市场：①有一些国家虽然跨境电商并不发达但是其消费者的需求很大，如巴西、俄罗斯等。加之，质优价廉的中国制造商品，对此类国家的消费者极具吸引力。②还有东南亚市场的开发在跨境电商的行业里也是重中之重，许多公司都把目光投向了东南亚这片土地。例如，印度尼西亚的人口世界排名第四，消费潜力巨大。印度尼西亚市场的电商平台也发展快速，像亚马逊此类的大型电商平台均已入驻印度尼西亚。③但对一些国家而言跨境电商和网购仍然还很陌生，如中欧和东欧、拉丁美洲等。要想发展这些国家的市场，跨境电商的企业就需要花费相当的精力甚至金钱，并且这将是一场长期战。

而进口跨境电商的争夺战场则聚焦于我国本土的市场。海关总署数据显示，2022年我国跨境电商进出口2.11万亿元，同比增长9.8%，其中出口1.55万亿元，同比增长11.7%，进口0.56万亿元，同比增长4.9%。

其实相比出口，进口才是中国跨境电商贸易可开发的市场空间。近年来，因为中国商品的质量事故频发，我们本土的消费者对其他国家的产品产生了更大的需求。随着中国消费者购买力的不断提升，国内电商企业纷纷借机进入跨境电商行业。例如，天猫国际直接为国内消费者提供进口商品，以及苏宁的跨境电商，吸引世界各地的投资。在此之前，中粮网长期以来一直在培育海外直购的食品渠道，还有像亚马逊这种电商巨头也开放了通向中国的直邮渠道，并在2014年国内电商狂欢节“双11”上宣布推出完整中文版的亚马逊海外直购店。

第二节　跨境电商人才及我国人才现状分析

2015年6月，《中国跨境电商人才研究报告》显示，85.9%的企业认为跨境电商人才缺口问题严重。据测算，当前我国存在100万至200万的跨境电子商务人才的缺口。跨境电商专业人才的严重短缺，是限制我国跨境电商行业发展的最关键因素。随着跨境电商行业的不断发展，企业对跨境电商人才的需求不断增加。

一、跨境电商人才的界定

人们所说的跨境电商不是一个单一的领域，它是复合领域。所涉及的领域包括现代的两大服务业——国际贸易和跨境电商，其人才表现出较强的专业性和复合性特征。跨境电商人才既需要掌握一定的外语、跨文化和国际商务知识，了解海外客户的消费需求、消费理念和网络购物习惯，又需要熟悉跨境电商基本知识，具备跨境电商运作能力、跨境电商平台管理和营销能力，把握跨境电商的基本规律和发展趋势。

（一）跨境电商人才基本技能要求

1. 素质要求

第一，严格遵守国家信息和互联网的相关法律法规，具有较高的网络文化素养和网络行为文明素质，具备跨境电商领域相关的诚信与信用素养、信息安全与保密素养。

第二，具有良好的道德素养、人文素养、科学素养和职业素养，具备较高的网络沟通素质。

第三，具备良好的人际沟通素质和团队合作精神。

2. 能力要求

第一，具有Office工具使用、PPT制作、简单图片处理及外语听、说、读、写能力。

第二，具有用互联网思维来处理网络商务活动的能力。

第三，具有较强的跨境电商业务操作能力和市场拓展能力。

第四，具有较强的商务大数据分析能力。

第五，具有从事国际企业经营的跨文化管理与沟通的能力。

第六，具有利用创造性思维方法开展科学研究的能力，以及基于多学科知识融合的创意、创新和创业能力。

3. 知识要求

第一，牢牢掌握现代管理、网络经济、信息技术等相关的基础理论和专业知识。

第二，掌握跨境电商的基本理论和方法，了解快速发展的跨境电商新兴产业相关动态。

第三，熟悉中国跨境电商及对外贸易的方针、政策和法律法规，精通各国法律、惯例和准则。

第四，掌握跨境电商企业与管理有关的相关知识，重点关注技术创新，把握商业模式创新的最新动态。

4. 跨境电商从业者必备技能

做一个合格的跨境电商从业者，必须具备以下七项技能。

(1) 外语交流

良好的外语是做好跨境贸易的必要条件。尤其是英语，英语是最为普及的国际通用语言，只有具备基本的英语交流与沟通技巧，才有资格进入跨境电商领域。

(2) 贸易实务

一个跨境电商从业人员首先应懂得外贸流程与操作，了解信用证和通关业务，精于处理复杂的客户投诉。更进一步地，应知道如何设计和策划企业国际推广方案，如何快速提升出口业绩，如何进行企业外贸团队建设和管理，如何建设欧美渠道等方面的贸易实务知识和能力。

(3) 行业背景

努力研讨、熟记产品资料、说明书、广告等，注意收集竞争对手的广告、宣传资料、说明书等，加以研究、分析，真正知己知彼，采取相应对策。平时多读有关经济、销售方面的书籍、杂志，阅读报纸，了解国家、社会信息、新闻大事，这往往是拜访客户最好的话题，并且不至于孤陋寡闻、见识浅薄。

(4) 国际营销

做跨境电商要懂得跨境电商的方法和技巧。如怎样在阿里巴巴国际站发布高质量的产品信息，怎样提高搜索引擎 SEO 的排名，怎样提炼关键词，怎样提高询盘转化率，怎样做 P4P 和诚信通等国际网络营销的技能。

(5) 法律法规

由于跨境电商的发展，全球贸易规则正在发生巨大的变化，跨境电商从业者要能及时了解国际贸易体系、政策、规则、关税细则等方面的变化。对进出口形势也要有更深入的了解和分析能力，避免在跨境贸易中出现侵权行为。

(6) 人文地理

跨境电商从业者需要对海外贸易、互联网、分销体系、消费者行为有很深的了解，对世界各国人民的风俗人情、购物习惯都得有一定的了解。

(7) 良好心态

跨境电商从业人员应该具备较好的心态和性格特征，要善于和客户沟通，善于处理各种纠纷，更要时刻保持高涨的工作热情和激情，做事持之以恒，不因一时的失败而气馁。

（二）跨境电商人才的职业素养

1. 职业意识

跨境电商对从业人员职业意识方面的要求是：思想观念转变快，能够适应互联网条件下对外贸易模式转变的要求；具备“互联网＋”的思维，思维敏捷活跃，对新生事物有强烈的兴趣；具备不断探索的勇气和毅力；具有专注、坚持的优良品质。

2. 职业道德

（1）法治原则

跨境电商从业人员的一切行为必须在国家政策、法律、部门规章、平台规则允许的范围内进行。

（2）诚实守信原则

跨境电商从业人员应合法经营、及时履行订单要求、兑现服务承诺等，不得出现虚假交易、虚假发货等不诚信的行为，不得利用便利条件和技术手段进行违规操作。

（3）质量与安全原则

跨境电商从业人员应保证其出售的商品在合理期限内可以正常使用，包括商品不存在危及人身财产安全的问题、具备商品应当具备的使用性能等。

二、跨境电商人才的知识结构和能力分析

（一）跨境电商人才需求层级结构

目前，跨境电商工作主要是外贸企业从事跨境电商运营和物流服务相关的工作，主要工作岗位和具体工作内容如下。

1. 初级岗位

初级岗位的特点是掌握跨境电商技能，懂得“如何做”跨境电商。目前，岗位主要需要从以下几个方面出发。

客户服务：能采取邮件、电话等沟通渠道，熟练运用英语及法语、德语等语言和客户进行交流，售后客服还需了解不同国家的法律，能够处理知识产权纠纷。

视觉设计：同时精通设计美学及视觉营销，既能拍出合适的产品图片，又能设计出美观的页面。

网络推广：熟练运用信息技术编辑、上传、发布产品，利用搜索引擎优化产品营销途径，进行社区营销，利用数据分析进行产品推广。

2. 中级岗位

中级岗位的特点是熟悉现代商务活动，掌握跨境电商运营和管理知识，懂得跨境电商“能做什么”的新型专业人才。目前，岗位主要需要从以下几个方面出发。

市场运营管理：既精通互联网又精通营销推广，对各地的不同消费者的心理和生活习惯有着深刻与敏感的了解，能够运用网络营销手段进行产品推广，包括活动策划、商品编辑、商业大数据分析、用户体验分析等。

采购与供应链管理：电商平台要想成功，其决定因素就是产品供应链的管理取得成功，对跨境电商中的供应链管理这一环节所需要的人才要求更是严格，要求供应链管理的人才可以从方案制订到最后的配送环节，都有专业、全面的职业素养去完成每一环节的工作。

国际结算管理：要求此方面的人才熟悉并且能够熟练应用国际结算的结算规则，在工作中可以预知风险，降低风险。可以给企业和国家的结算管理能力带来看得见的提升，无论是在出口、进口还是法规应用等方面都要有卓越的成效。

3. 高级岗位

高级岗位的特点是熟悉跨境电商前沿理论，能够从战略上洞察和把握跨境电商的特点和发展规律，具有前瞻性思维，引领跨境电商产业发展，懂得“为什么要做跨境电商”的战略性人才。主要包括熟悉跨境电商业务的高级职业经理人，以及促进跨境电商产业发展的领军人物。

目前，众多跨境电商企业多处于初创阶段，客服人员、视觉设计人员、网络推广人员等是最迫切需要的初级人才。随着企业向纵深发展，竞争不断加剧，负责跨境业务运营的商务型中级人才需求也会越来越迫切。而有3～5年大型跨境电商企业管理经验，能引领企业国际化发展的战略管理型高级综合人才更是一将难求。

(二) 跨境电商人才素质要求

1. 专业型人才

与传统国际贸易不同，具备电商属性的高精尖专业人才是我国跨境电商发展的必需条件。这些专业人才能在线上更好地展示产品、营销推广、服务客户。从岗位角度来看，跨境电商需要的专业人才主要有以下几种。

(1) 需求分析及选品人才

针对目标国家的目标用户，从购买习惯、需求偏好、文化习俗等角度出发，进行全方位的分析。对于专业卖家而言，之后需要采购合适、有销路的产品，并与供货商保持长期、稳定的合作关系；对于制造商而言，其需要设计、生产与用户相适应的产品。

(2) 网络平台搭建及推广人才

网站平台搭建人才主要指懂外语的PHP（超文本预处理器）程序员和前台美工（必

须懂开发语言)，可以帮助企业开发维护主站及进行平台网店的装修。推广人才主要集中在精通各大平台规则、SEO（搜索引擎优化)、SEM（搜索引擎营销)、Ad words（赞助商链接）操作、外媒 PR（公关)、外媒广告管理、SNS（社交网络服务)、Video Ad（视频广告)、Picture Ad（图片广告)、Comment Ad（评论广告）等专业人员，这些岗位贵在专，同时又应具备外语能力。

（3）美工、摄影

美工、摄影人才主要指精通视觉营销、可以拍摄出符合各大平台规则的产品图片及具备文字排版能力的专业人才。

（4）客服

熟练应用邮件、在线沟通工具，运用英语、德语、法语、俄语、阿拉伯语等与客户进行交流。另外，由于发达国家用户自身权利意识较强，监管机构对保护消费者权利较为严格，经常出现投诉、退货甚至涉及知识产权的纠纷问题，因此客服还需要懂不同国家法律和具有处理产品纠纷的能力。

（5）物流人才

跨境电商中的物流环节既是成本中心又是利润中心，是用户体验的关键，还可以极大地提升企业的运营效率。跨境电商物流人才主要指具备国际订单处理能力，熟知国际物流发货流程和规则的专业人才。

2. 综合型人才介绍

（1）初级人才素质要求

目前，企业从事跨境电商业务的人员来源主要是从内部培训和企业外部跳槽。校园招聘大学生一般需要经过一段时间的培训才能上岗。虽然初级跨国电商从业人员资格不高，一般大专水平以上即可，但是必须有创新能力，有消化吸收专业知识的能力，有承受困难和挫折的能力以及开拓市场的能力。

（2）高级人才素质要求

高级人才是指在战略角度对跨境电商有所洞察，能够对跨境电商的发展规律有所预测，熟练掌握跨境电商技术知识，能够胜任跨境电商营销、大数据分析、用户体验塑造、跨境电商物流及金融服务的综合型人才。对于企业而言，高级人才是实现可持续快速发展的保证，而随着跨境电商向纵深化发展，能够引领企业国际化发展的高级人才也将一将难求。具体来说，高级人才需要具备以下几个能力。

需求匹配能力：跨境电商链条冗长、环境复杂，企业要具备识别国家差异、需求差异、重塑贸易链的能力，能够针对不同需求选择相适宜的渠道，制定相关的营销运营策略，为不同行业、不同类型的用户提供与其需求相匹配的一系列产品及相关服务。

高效整合能力：跨境电商是一次新社会化大分工的开始，企业做好跨境电商，需要基于自身的核心竞争力，通过生态圈进行高效整合。特别是在营销过程中，为了实现目标国“本地化”，往往需要对目标国的流量引入、国际营销、当地品牌知识有深入的了解，能够整合到当地优秀的流量导入、客户转化、客户留存、售后服务相关的各类本地化服务商。跨境电商最终的竞争不仅是成本、价格的竞争，更是本地化服务的竞争。

带团队的能力：各类型人才稀缺是跨境电商企业持续面临的困境，高级人才要具备识人用人的能力，一方面在内部甄选培养跨境电商人才梯队，另一方面从外部不断吸收适合企业发展需求的新鲜血液。同时，高级人才还要具备团队管理能力，懂得如何留住优秀人才，营造适合人才发展的良好氛围。

政策规则应对能力：从全球范围来看，跨境电商正处于高速不稳定的发展初期，全球贸易规则将发生巨大的变化。跨境电商企业要能够及时了解国际贸易体系、政策、规则、关税等方面的变化，对各国进出口的情况及趋势也要有深入的理解和分析能力。

秉持老板心态，发扬创业精神：作为新生事物，发展跨境电商缺乏成熟的、定性的、持之有效的具体方法，每个企业的跨境电商之路都充满坎坷，高级人才只有秉持老板心态，发扬创业精神，敢于尝试、不断碰壁、积极学习、勇于承担，才能做好跨境电商。

三、我国跨境电商人才现状及困境

（一）人才需求分析

随着跨境电商业务的不断发展，跨境电商企业出售产品类别和销售市场呈现多元化的趋势，同时，企业对电商人员业务的要求也不断提高。行业普遍认为，招聘跨境电子商务人员时，企业更倾向于选择国际贸易和跨境电商等相关专业人才。

目前，不仅金融类和综合类院校开设国际贸易专业，理工类院校、农林院校以及师范类院校也开设了国际贸易专业。一些英语专业的院校也开设了国际贸易方向、国际商务方向、跨境电商方向的专业。

现在设立国际贸易专业和跨境电商专业的学校，每年向企业输送大量的国际贸易专业和跨境电商专业的学生。但是，由于跨境电商企业对同时具备跨境电商及国际贸易经验的综合人才的需求较强，单一的专业无法满足企业对人才的需求，因而业界很难招到合适的跨境电商人才。

根据市场调研，跨境电商企业对人才的需求有以下几个方面的问题：①国贸专业出身的人才仍然是现有跨境电商企业想要招揽的主力军，但是在这基础上企业更倾向于掌握与此相关的复合学科的人才。随着时代的发展，国际贸易与跨境电商结合出现了一些新特征。虽然跨境电商拥有电子与国际贸易两大特点，但此行业的重点仍然是贸易，所以企业还是愿意选择国际贸易的学生。②跨境电商企业更缺乏业务岗位的人才。③跨境电商的企业大多数将选聘人才的学历标准设在专科以及本科，其中本科人才还格外缺乏。④有一些刚毕业的学生还没有基础，在实际工作中不具备解决各类问题的能力，学校里学的知识也没法熟练应用，知识面窄，视野不够宽。⑤有意愿从事跨境电商工作的人多数没有参与过培训，绝大多数愿意接受培训。但是倾向于平台等不是政府及专业学府的教育。这说明大学中跨境电商专业教学跟不上目前发展迅速的市场。经调研，在平台或是企业中开展的培训内容按重要度排序：一是互联网的经营与销售手段；二是跨境电商的技术手段；三是电商企业的管理手段。⑥当前的人才缺口非常严重，跨境电商企业难以招到合适的人才，即使招到的人也有很大一部分不能完成基本的工作。

(二) 跨境电商的人才现状

1. 外部聘用的不好用

现在招聘很大一部分都来自校招，但是对于跨境电商的发展需求，校招的毕业生是很难满足企业的人才需求的。跨境电商正处于快速发展期，规模与日俱增，模式不断变化，高职院校毕业生往往缺乏专业训练和实践，在工作中解决问题的能力和动手能力严重不足，难以适应企业跨境电商业务的发展要求。

2. 社会人才严重不足

虽然近年来国内跨境电商的发展速度急速上升，但是很多传统企业还是没有把跨境电商作为企业持续发展的战略措施来推进和布局，缺乏跨境电商技术和管理人才，企业主要以传统的方式进行生产和营销。大量企业在网上的商务活动仍然以广告、寻找供应商、网上洽谈等初级跨境电商应用为主，企业间跨境电商大多还处于“线上洽谈、线下成交”的模式，能够精通这些业务的人才极度缺乏，难以匹配我国跨境电商发展的速度与规模。

3. 内部培养成本偏高

跨境电商因业务涉及面广，从业人员所需知识结构较为复杂，现在跨境电商的人才很多都是外语或是外贸等专业转行而来，企业需要进行岗前培训，但当前培训成本普遍较高。

4. 专业人才缺少

目前，刚刚起步的跨境电商发展速度较为迅猛，伴随着大量的人才需求，特别是具有对外贸易和跨境电商能力、熟悉跨境电商业务的复合型人才短缺。企业从外面很难直接招聘到这样的人才，只能通过企业内部来培训适合企业发展的人才。虽然跨境电商近年来在国内企业的应用得到了很大的改善，但是很多企业依然没有把跨境电商作为企业发展的战略增长点来培育和推进，由于缺乏跨境电商技术和管理人才，目前大多数企业主要还是以传统的生产和营销方式做跨境电商。

5. 人才流失率较高

与传统产业相比，作为新兴产业的跨境电商行业，人才流动性较大、流失率高。第一，跨境电商企业的开创周期要比传统企业短得多，除了专门的猎头公司，许多新企业也在到处招聘专业人员，企业之间普遍存在挖人的情况，导致企业人才严重流失。第二，目前的企业还仍在初期的摸索阶段，各企业的体系和制度都不完善，导致团队不够稳定。

6. 学校专业人才培养与企业需求错位

由于中国长期以来的学历教育导向，跨境电商人才的专业教育通常是按照学校或教育部门的考核制度来进行，又因为学校里的培养和社会中企业的发展是不相适应的，导致学校人才培训规范和社会需求发生错位。另外，跨境电商业务发展规模、发展模式变化迅速，尚不成熟的专业知识和理论还都需要在实际工作中再熟悉。许多大学毕业生由于缺乏专业培训和实际的就业培训，一开始工作的时候没有经验，所以难以解决实际工作中出现的问题。

（三）跨境电商人才困境的根本原因

人才是跨境电商的最大瓶颈，从历史的角度来看，每一个新生事物都将经历这个过程（如 2005 年左右国内电商的兴起也经历了同样的困境），而了解困境背后的原因，有利于企业认清自己所处的现状，从而有针对性地制定对策。

具体来说，造成当下跨境电商人才困境的根本原因有以下几点。

1. 人才供给的速度不能满足市场需求

近几年，我国的进出口贸易一部分来自跨境电商贸易，2021 年我国跨境电商进出口规模达 1.98 万亿元，增长 15％，市场采购出口增长 32.1％。其中，出口约 1.44 万亿元，增长 24.5％。跨境电商已经开始改变全球贸易的版图。

跨境电商蓬勃发展的背后，是数百万家企业的不断崛起。根据官方的数据，我国的跨境贸易经营主体大多是中小企业或者是个体商户，其比例在 90％以上。中国近 100 万家电商企业做 Amazon、eBay、wish 等主流跨境电商平台，有 80％在深圳。故以深圳为例，在 2007 年，跨境电商从业企业不超过 1 000 家，2015 年增长至近 10 万家，据统计，2023 年，深圳跨境电商出口企业数量超过 15 万家，在阿里巴巴国际站、速卖通、Lazada、eBay 等平台几乎占据了中国卖家的半壁江山。

随着跨境电商企业的不断崛起，对专业人才的需求呈指数级增长。2014 年起，以阿里巴巴“百城千校”计划和 321 电商学院为代表，我国与跨境电商相关的培训机构数量快速增加，但其培养速度远远不能满足全国跨境电商企业的需求。相关数据显示，2015 年仅广东跨境电商人才缺口就超过 30 万，未来 10 年中国跨境电商人才缺口将超过 400 万。

2. 现有人才素质无法满足企业需求

跨境电商专业理论体系缺失，学校培养与企业需求错位。通常，我国高职院校的教育体系迟于企业实践需求，专业的设置也迟于企业的实践。长期以来，我国的高等教育以学历为导向，往往按照教育界的评价体系开展，实际动手能力较差，与产业的发展严重脱节。跨境电商正处于快速发展期，规模、模式都在剧烈变化，在基础知识之上，对人才实际解决问题的能力和实际动手操作的能力要求非常高，这就导致刚毕业的大学生很难适应跨境电商企业的需求。传统国际贸易人才难以适应跨境电商的需求，因为是跨越两个领域的工作，所以跨境电商的相关人才不仅需要了解国际贸易，更需要对跨境电商有着明确的认知和感受，这意味着将企业、将国际贸易人才简单地调配到跨境电商部门是不起作用的。

同时，学校比较重视理论教学与研究，而企业更需要实践应用，因此高职专业人才培养与企业的需求发生了错位。

3. 目前培养人才的方式和社会发展要求不匹配

以长沙市跨境电商企业为例，现在大多数跨境电商中小企业希望招聘到全能的人才，要求从业者可以完成企业运营的各种工作，这就造成了企业对学校的人才培养提出了学校到企业的无缝衔接的要求。第一，因为人才缺口大，所以企业难以招到所需的人才；第二，专科毕业的毕业生，即便是外语、国际贸易等对口专业出身的毕业生也不能满足现代企业的要求，单一的培养模式已经逐渐被淘汰。

4. 专业课程设置与专业技能培养不匹配

跨境电商人才短缺更多地表现为人才结构问题，现在最大的问题是高职院校的培养体系太单一，各专业“各自为政”，在现在急需复合型人才的时代已经是落伍的培养方式。不谈复合，很大一部分学生即便是单一的专业技能也没法满足企业的要求，并且学校培养的人才大多都没有实际操作的经验，只掌握理论与知识，他们的专业知识仅限于纸上。

5. 实践教学环节与跨境电商的实际业务不衔接

一般的高职教育是包括理论和实践两个部分的专业培训的，而其中的实践教学又分为实验教学和专业实践。借助一些教学工具提升技能指的就是实验教学；而专业实践是理论的拓展，是将理论运用于实践的教育。但现阶段的高职院校都缺乏开展专业实践的场地，学生的实践范围很有限。在现有条件下，学生只能独立实践，即便是有实习的单位或企业，他们大多也不认真对待学生，不给予认真指导，导致学生专业实践的随机性较大，所学有限，在未来的工作中缺乏实践经验。

第三节　跨境电商人才培养对策研究

作为新生事物，跨境电商的人才问题在 2～3 年内很难得到解决。从存量角度而言，满足跨境电商要求的人才少之又少。在全国，精通各大跨境电商平台运营、懂得独立网站及品牌营销的人凤毛麟角。从增量角度而言，跨境电商人才短时间内难以形成规模。面对多行业、多品类、多供应链、多国家、多平台等运营难题，跨境电商人才无法依托培训快速“复制”。

但是，作为企业而言，不能把大环境作为借口，面对人才困境，要下决心、想办法、下血本。人才困境是问题也是机遇，在所有企业都面临人才困境的时刻，如果企业能够解决好人才问题，在人才成本和企业运营之间找到平衡点，就可以较快地实现突破，完成企业的跨境电商转型。

一、人才培养理念创新

(一) 加强高职院校的跨境电商专业人才培养

由政府带头，加强我国高职院校的跨境电商人才培养工作；建立跨境电商专业专项资金建设，引导实力较强的高等院校建立跨境电商专业；鼓励现有国际商务、外贸、市场营销和商务英语等专业人士，根据市场需求向跨境电商方向发展；对于现有的小语种专业人士来说，鼓励发展和培养具有复合型人才的业务素质，鼓励高职院校开设适合跨境电商人才发展的小语种。通过高等学校的系统教育，培养出具有良好的国际视野和国际化思维、深厚的国际商务素养、较强的电商专业能力和跨文化沟通能力的人才，能在拓展海外业务的公司中从事跨境电商运作与管理工作和国际商务活动策划，以及在政府相关部门管理跨境电商活动。跨境电商的人才也不是均衡的，一般有初级的从事人员、中级的从事人员以及高级的从事人员。为了将跨境电商的人才体系完善、提升，弥补各层次跨境电商的人才缺口，为我国跨境电商贸易添砖加瓦，像杭州市就投入了专业资金去成立人才培养的专门基地，鼓励、补贴各高职院校开设此方向的专业，已有跨境电商相关专业的高职院校就鼓励其发展多元化、复合型的专业方向。

杭州师范大学钱江学院就是在杭州市的综试办的指导和支持下成立了杭州第一个跨境电商的人才培养基地，钱江学院携手杭州的相关企业设立了跨境电商的研究中心和培训中心以及一个“众创空间”——“两个中心、一个空间”。

经过近一年的准备，在成立了培养基地后，钱江学院进一步地专门培育跨境电商人才的学院，培养体系也按照“3＋1”进行。其中的“3”指的是三层次的培养，第一个层次是专业或是方向的培养；第二个是分模块的培养；第三个是创业班的培养。而“1”是指的一个直通企业、面向社会的培训功能。通过这种培养的方式，社会与学校合力进行跨境电商人才的培养。

（二）构建跨境电商人才社会化培训体系

政府部门在社会化培训上要加强组织：一方面组织指导行业协会、院校、电商企业、社会培训机构进行相关业务培训，按培训情况，给予场地收费、资料费用、讲座等费用的补贴；另一方面，企业对培训的支持也要加大力度，积极开展培训，将跨境电商专业知识和企业主流技术及企业文化融入培训，确保最有效地促进企业发展。总之，政府不但要动员社会力量“做培训”，而且要直接为企业“培训”。为跨境电商企业招聘的新员工签订劳动合同，参加社会保险一年，给予企业新员工一次性培训补贴。鼓励跨境电商企业增加员工培训资金投入，提高员工培训成本及占企业营业收入的比例。下面以杭州市跨境电商人才培养模式为例进行介绍。

1. 依托“人才港”项目，建立多岗位体系

杭州的“跨境电商人才港”项目能够根据企业对于跨境电商人才的需求，尤其是共性需求来建立人才的培育体系。比如，技术类或是营销类的岗位，根据人才的不同等级开发三种不同的培养体系——按照时间孵化的长短进行制定，有速成、短期、中期三种。

2. 依托杭州跨境电商基地，开展社会培训项目

要依托杭州的跨境电商基地开展跨境电商的社会培训。按照上述三种人才层次展开初级、中级、高级的不同层次培训。培训的内容包括跨境电商的进出口等业务内容，一些传统企业就可以借助这种社会培训进行企业的转型。钱江学院协各品牌企业一同打造的跨境电商人才培养基地与各开发区、跨境电商园区合作培育人才。自中心成立以来，很多学员都参加了基地的培训。但是要注意的是，政府支持社会开展培训需要为企业和其他社会力量补贴培训费用。

3. 依托高职院校与企业资源，建立跨境电商学习平台

由于像微课或是慕课这种网课平台的涌现，对跨境电商的线上教育平台也起了积极的作用。各高职院校和跨境电商企业都应响应政府号召多开展线上的服务与培训，学员在网络上学习了相关跨境电商课程并通过考核后也能够得到相应的几个证书。秉持着分享、公开、透明的理念，开展跨境电商的线上、线下人才培养与服务工作。

（三）打造专业的跨境电商师资团队

行业内名师队伍一般由政府或社会培训机构牵头，由高职学者、从业者中的佼佼者、行业内的资深专家等构成，定期开设跨境电商师资培训班，对高职相关专业教师及跨境电商普通员工进行培训，使他们及时了解和掌握跨境电商领域新规则、新技术、新理念、新

动态，及时解决跨境电商领域出现的新问题。

1. 聘任跨境电商就业创业优秀导师

一个好的师资团队对于跨境电商人才的培养成效有着很大的影响。专业师资力量必然和人才是一样缺乏的，为解决此问题，我们可以试着在高职学者、从业者中的佼佼者、行业内的资深专家中组建新的师资力量。

2. 启动“高职教师培训”项目

参考杭州综合实验区的培育方式，又在人才培养方面有了新的尝试，杭州开展了电商平台巨头亚马逊的合作项目——“高职教师培训”，是我国在跨境电商的出口人才培育方面的范本。为其他地方跨境电商的发展提供了较好的实操经验，同时为运营难题及解决方案提供更多参考和借鉴。

（四）开展跨境电商人才校企合作定制化培养

政府要积极推动学校与企业的合作，开展跨境电商人才的定制开发，重视高职院校的人才培养以及积极解决跨境电商企业的人才缺口问题。鼓励高职按照社会需要，以市场需求为导向，开展教材改革，对教学方式及教学内容进行创新，鼓励高等院校提高学科和产业，专业和就业的适应性。鼓励企业根据自己的人才需求，对相应的高职院校在师资、技术、学校条件等方面进行合作，长期建立校企联合人才培养的长效机制。例如，企业可以与有关机构签订定制的培训协议，由学校根据工作人员要求的人员规格和数量，培育创新型、应用型、复合型和技术型人才。学校还可以聘请“企业导师”，实行产学研联合培养学生的“双导师制”，实现三者的有机结合，使生产、教学、科学研究为一体。

二、人才培养模式创新

（一）培养和引进一批跨境电商领军人物

根据政府跨境电商产业发展战略，实施顶层设计，科学布局。同时，坚持“势不可挡”与“百折不挠”并举。采用“一商一企一策”的方式，培养或者引进新的、能够带动行业发展的人才团队。这个团队需要国际上领先的、优秀的跨境电商的人才来组成，加强“顶尖人才＋重大项目”招商引资，最主要是要重视产业链和中小微企业的发展。例如，根据杭州市相关政策法规，跨境电商高端人才和项目落户杭州，对投资 1 000 万元以上的项目，参照产业项目给予优先支持。对于浙江跨境电商投资回报项目，还可以享受省市企业的一系列优惠政策和服务。为满足跨境电商领军人物及其创新团队条件，对入驻费用、住房补贴、科研经费等资金将优先纳入城市“521”计划、城市优秀人才奖励和其他的项目。同时，鼓励境内外跨国跨境电商领军企业采取灵活方式在杭州从事跨境电商兼职、入股和研究等工作。

（二）组建跨境电商企业与跨境电商人才中介机构

第一，传统企业贸易转型需要大批跨境电商人员；第二，大量高职院校或社会培训机构毕业的跨境电商人才需要找到就业单位，有自主创业倾向的需要找投资和货源，企业和人才缺乏对接渠道。建议政府、行业协会、大学和培训机构联合组建“跨境电商人员对接服务中心”，对跨境电商人才需求进行全面研究，组织对接活动——跨境电商人才组成的团队和电商平台人员的主动对接。

（三）建立跨境电商人才保障和人才激励机制

1. 改进科技奖励办法

随着时代和行业的不断发展，科技、技术上的创新不再是成果，而是行业的需求，所以应对为跨境电商创新事业做出贡献的人才要重点激励及提出表彰。提高科研院所科研人员注重科研成果产业化绩效的意识，明确科研成果的归属权，保证研发者的知识产权，完善成果共享的总体机制，充分调动科研人员将科研成果转化成生产力的积极性，着力解决科技与经济“两张皮”现象。

2. 加强跨境电商人才激励机制建设

对于高层次的跨境电商人才，采取的激励措施有三个方面：一是创业激励。对于跨境电商创业的带头人、跨境电商技术带头人和对跨境电商发展做出重要贡献的人，给予不同程度的奖励。二是团队奖励。对于跨境电商业人才队伍，单独设立跨境电商人才专项小组，引入团队建设、资金支持、设备使用等专项资金，对项目资金使用给予充分自主权，实施专项评估申报、专项督办和专项审核。实行验收制度，形成项目、人才、资金、政策四位一体的互动机制。三是生活激励。加大人才税收优惠力度，对符合条件的跨境电商高级管理人员、核心技术人才和高端技术人才连续三年部分或全额退还个人所得税。同时，探索跨境电商企业人才奖励制度及医疗补助制度，实施住房补贴制度和税收抵免制度。

3. 落实跨境电商人才安居保障

通过政府引导的市场化运作，多渠道、多形式解决跨境电商人才的居住生活问题。一是实行高端跨境电商人才购房资助项目。高端跨境电商人才首次购房可以提供一次性采购补贴，补助金可以通过政府专项资金和企业用人单位的配套资金来解决。二是实施跨境电商人才公寓项目。按照只租不售的原则，在电商产业园、高科技园区、产业集聚区、大学城等重点区域建设人才公寓，为跨境电商人才提供出租住房。对于一些大型企业或有突出贡献的集团企业，可以利用原有的土地建设人才公寓来解决高层人才的住房问题。三是完善住房公积金。对于跨境电商企业人才，引进住房公积金支付人员租房费用政策。

4. 探索人力资本产权激励措施

根据按劳分配和按生产要素分配相结合的原则，考虑到技术、知识、管理等生产要素的贡献，从事跨境电商专业技术的高端人才通过技术成果等“智力资本”参与分配，对从事跨境电商管理的高端人才按“资本管理”参与分配。具体方式由企业给予专业技术人才和管理人才创新成果的购股权和选择权，或根据企业自身情况灵活选择各种个性化的激励措施。无论是“资本管理”参与分配，还是“智力资本”参与分配，都要与国际市场整合，真正实现一流的人才、一流的绩效、一流的报酬，快速做大做强。

三、人才培养渠道创新

（一）合伙制与社会化协作解决人才问题

综合型人才既是企业推动跨境电商发展的关键，也是最大的“瓶颈”。对于传统企业而言，原有的人力模式以及管理模式往往难以吸引跨境电商的优秀人才。找到新的方法，破解综合型人才难题是企业发展跨境电商的必经之路。

1. 合伙制凝聚优秀人才

对于真正优秀的人才而言，简单的“职位＋薪酬”往往缺乏吸引力。传统企业模式裂变性有限，管理方式陈旧，难以招揽到优秀的人才。同时，即使通过金钱的方式吸引优秀的人才加入，也经常由于团队氛围的问题，难以长久留住优秀的人才。合理运用合伙人制度不仅可以吸引与跨境电商相关的外来优秀人才，快速打造成熟团队，还可以留住企业辛苦培养出的优秀人才，保持跨境电商团队的稳定性及高效性，满足企业凝聚人才、促进发展的现实需求。

2012 年 7 月，3 个年轻人（分别负责运营、海外仓、供应链）投资 15 万元，成立了深圳乐能电子有限公司（以下简称“深圳乐能”），主要在亚马逊海外平台上从事数码产品相关的销售。到 2013 年，深圳乐能小有所成，营业额突破 100 万元。深圳市迪比科电子科技有限公司（以下简称“迪比科”）是一家深圳的老牌公司，成立于 2004 年，专业从事移动电源及手机、数码摄影器材、IT 配件产品的制造，为全球各地的大型客户提供代工服务。2013 年，在全球经济下行的影响下，迪比科的最大采购商突然停止采购，迪比科陷入困境，面临破产的可能。无奈之下，迪比科只能选择破釜沉舟，通过合伙制的方式吸引深圳乐能核心团队共同成立新公司，其中，迪比科占有51%以上的股权。新公司实现了迪比科与深圳乐能的优势互补：深圳乐能团队更加了解终端消费者，通过大数据分析等方式，充分挖掘欧美市场的特点和需求；迪比科团队更加擅长研发和制造，在收到来自终端消费者的准确需求数据之后，通过不断打磨，进行产品的迭代，生产出非常适合欧美客户偏好的新产品。2014 年，仅仅 1 年之后，新公司的营业收入就突破了 1 亿元。至 2021 年，公司的营业收入不断增加。做好合伙人制度的 5 个要素：①寻找合适的合作伙伴。合伙人制度的本质是吸引优秀人才的加入帮助企业来运作发展。在寻找合作伙伴时，除了自己的能力，还要确认对方是否有共同的经营理念，确认对方是否高度认可公司文化，愿意为公司的使命、愿景和价值观尽一切努力。②建立开放的企业文化。对于优秀人才而言，找到一个平台，让自己能借助平台的力量快速成长，并在平台上获得成就感和归属感才是最终目的。因此，企业需要建立开放的企业文化，以开放包容的心态给予人才充分的信任和支持，让人才与企业之间形成良好的互动。③尊重合伙人意愿。合伙人制度的目的在于凝聚共同的事业伙伴，向着共同目标前进。合伙人制度应建立在有预期收益、有稳定基础的前提下，而不是在企业出现问题时捆绑人才。强制捆绑有可能使核心人才对企业及老板产生不信任感，加速人才流失，加速企业的衰败。④以创业心态驱动合伙人团队。要给予合伙人团队参与企业经营的权利，在企业内部为优秀人才创造创业的条件，变“为别人打工”为“为自己打工”。只有人才参与公司经营决策、融入创业合伙人团队时，才有可能真正找到创业的感觉。⑤建立合理的分配机制。合伙人制度要秉承“谁贡献，谁分享”的原则，激发有能力的人持续贡献，推进企业持续发展。要将合伙人投入的时间精力和对合伙项目本身的投入来进行利益分配，同时建立系统的进入机制、发展机制、考核机制、分配机制、淘汰机制、退出机制等，持续吸引优秀的人才加入，壮大企业的核心团队。

2. 社会化协作发挥自己的特长

在跨境电商背景下，社会化分工协作网络越来越精细化。专注于自己的长处，与跨境电商生态圈中不同物种深入合作，往往是成本最低、效率最高的方式。对于传统制造业企业（特别是中小企业）而言，最擅长的往往是产品，盲目杀入跨境电商终端市场，直接面对消费者，既不擅长也缺乏人才团队的支撑。在这种情况下，阶段性地选择业务外包，将终端销售交给专业的跨境电商卖家团队（以下简称“专业卖家”）分销，并与之形成紧密的信息回路，从而迭代打磨产品，是较为理性的选择。

淘宝快速发展的背后，是无数家淘宝小店、淘宝店小二的崛起。跨境电商也是如此，伴随着近几年的爆发式发展，一大批跨境电商的“淘宝小店”（专业卖家）开始出现。他们熟悉海外目标市场，拥有较强的运营能力，往往在兼顾自身运营的同时，还为其他企业进行分销服务。

（二）社会化培训与政府合作打造专业团队

1. 借助社会培训力量引进专业人才

对于企业而言，独自培养跨境电商专业人才，往往意味着极大的不确定性（特别是传统企业，内部缺乏跨境电商相应的氛围）和高昂的成本（需要较长的时间和迭代试错的成本）。借助以 321 电商学院为代表的社会化培训力量，可以有效地招揽优秀的跨境电商专业人才，再加上企业开展的团队培训，将人才团队的整体业务能力都提升上去，保持持续的团队竞争力。

321 电商学院成立于 2014 年，是跨境电商培训行业的龙头品牌。针对跨境电商专业人才问题，321 电商学院一方面连接高职人才，吸引广东、黑龙江、湖北、广西等地的大学生，通过位于东莞的 321 跨境电商孵化基地，实行 1 个月时间的集中实战培训；另一方面连接全国各地的跨境电商企业，针对其用人需求，在孵化基地偏向性地进行相关演练。321 电商学院以深圳运营总部为核心，截至当今，公司已拥有广州、深圳、东莞、中山、武汉、杭州、汕头等分公司，同时在浙江、湖南、广西、江西、重庆、黑龙江、河南、江苏等地区组建办事处，为全国跨境电商行业提供全方位服务，致力于打造跨境电商行业“实战培训与人才服务”品牌。321 电商学院的服务得到了市场的极大认可，参加培训的大学生往往在培训开始不到 1 个月的时间内就都实现签约。针对跨境电商企业已有成员，321 电商学院提供以实操为导向的一系列培训服务。

2. 主动对接政府资源，善用公共服务平台

面对跨境电商热潮，各地政府纷纷出台新政新规，帮助企业推动跨境电商的发展。在一定程度上，这改变了企业（特别是中小企业）因发展规模无法对接优质培训资源及教育资源的局面。关注政府动向，主动利用政府资源，中小企业将有机会获取更多优秀的人才资源，完善团队资源，推动企业人力资源建设。

杭州综试区：①杭州综试区制订了《综合试验区人才培训计划》，推动部分在杭州的高职院校开设跨境电商专业和课程，为跨境电商的发展提供人才支撑。②杭州综试区成立了杭州跨境电商协会，促进行业转型升级、研讨交流和宣传推广。③杭州综试区与浙江大学共建“浙江大学中国（杭州）跨境电子商务综合试验区研究院”，开展决策咨询、学术研究、人才培养等活动。

重庆市政府：①加大与企业合作的力度。重庆市渝中区政府与阿里巴巴、24K 大学生人才孵化平台合作，共建“重庆跨境电商人才 O2O 培养基地”，预计未来 3 年将用生态建设模式，培育 5 万名跨境电商初级人才。②注重面对企业的培训。重庆市贸促会邀请海关

总署等政府部门，阿里巴巴、全球速卖通等专业服务机构，对外经济贸易大学等研究机构，针对100多家企业和240多名人员，开展包含跨境电商政策、业务与技巧、管理与思维等重点内容的培训。

东莞市政府：①校企合作。东莞市针对本地高职院校、省内高职院校，以及黑龙江、湖北、湖南的高职院校展开校企合作项目，吸引大四学生到东莞企业实习，吸引省外毕业生到东莞企业定点实习、培训。②资金支持。东莞市政府从2015年的1.5亿元跨境电商专项资金中拿出一部分，专门培养跨境电商人才。

四、人才培养的服务方式创新

（一）提高英语及小语种的交流能力

亚马逊、eBay等主要跨境电商平台以欧美发达国家为主要市场，国内跨境电商从业人员和海外客户需要在线交流，这对英语的要求相对较高。eBay和阿里巴巴的统计显示，美国等传统出口市场仍然是跨境电商业务的热点，而其他一些新兴市场如俄罗斯、西班牙、阿根廷、巴西、乌克兰、以色列等迅速崛起。以速卖通平台为例，其2014年主要推动俄罗斯、巴西等新兴市场，仅仅半年就取得了很好的效果，日均网页浏览量已经超过1亿，比去年同期增长了700%，年均营业额增长近600%，同时在Alexa全球排名第69位。新兴市场的发展导致俄语、意大利语、西班牙语、德语和阿拉伯语等小语种的需求大幅增加。

（二）了解海外客户网络购物的消费理念和文化

跨境电商所面对的是国外消费者，由于文化和生活习惯不同，其消费理念和国内消费者也差异很大，这就要求跨境电商从业人员对外国买家的采购习惯做一个深入的了解，同时对中国供应商的出口业务状况有一定认识，了解不同行业的采购特点，熟悉某一行业或一类商品属性、成本、价格，对某些商品的分销、生产、消费者的购买习惯等都有更深入的了解。

（三）了解相关国家知识产权和法律知识

我国卷入知识产权纠纷的外贸企业不在少数，此种事故在我国也是频频发生。主要是因为在我国的外贸企业中，没有自己品牌的企业居多，而且我国的贸易处在附加值非常低的状态。根据官方的统计数据，有超过60%的跨境电商企业遇到过知识产权纠纷，涉及图片、商标、专利等多种载体，并且其中还存在虚假的商品价格信息、语言翻译等问题。从事跨境电商事业的人员需要掌握相关的法律法规，如《中华人民共和国著作权法》《互联网信息服务管理办法》《中华人民共和国专利法》《中华人民共和国商标法》《网络信息传播权保护条例》等。

(四) 熟悉不同跨境电商平台的运营规则

跨境电商有大量的平台，如 B2B 有阿里巴巴，B2C 有 eBay、速卖通、虾皮、兰亭集势等。要求相关的工作者能够熟练地使用不同电商平台的网站，会操作，能解决问题，根据企业与客户的需求完成工作任务。在主要电商企业的引流、转化等方面有一定的了解。通过图像处理、文案撰写、广告推广、网络营销、交易纠纷处理、关键词和搜索引擎优化技巧，可以使用网站进行后台跟踪和客户维护，提高相关业务记录和分析能力，以及基本用户研究和网站数据分析能力。

第三章　产教融合模式下高职跨境电商人才胜任素质模型构建研究

第一节　高职跨境电商人才培养的现状及存在的问题

一、高职跨境电商人才培养现状

跨境电商近几年依托互联网高新技术日趋发展成熟，但其实对于我们来说它还不能算得上熟悉，仍然是一个新兴的词汇。因为经济的迅猛发展和全球化态势愈演愈烈再加上世界各国消费者的消费习惯的变化，跨境电商行业呈现爆炸式的发展态势。根据我国电商研究中心的数据，2011 年到 2016 年这六年有近 5 万亿元的增长额。从业者也不断增多，其相关从业者不仅包含跨境电商的直接员工，还包含由跨境电商带动间接就业的人员。

针对刚迈出步子的跨境电商来说，在未来的日子里，将会面临一个严重的问题：由人才供给不足而引起巨大的人才缺口。《中国跨境电商人才标准》和《2016—2017 年度跨境电商产业紧缺人才需求目录》（以下简称《目录》）都是在 2016 年底的全球跨境电商峰会——“潮起钱塘”中颁布的。当时的岗位制定就已经涉及了跨境电商的 60 多个岗位，通用类或是商务和跨境类都是主要的岗位。在这期间的调查也显示了跨境电商行业的人才紧缺。

（一）高职跨境电商人才教育教学现状

当前，我国跨境电商专业还是多作为一个方向放置在相关的专业下，尚未有独立、完整的系统培养方案。所以企业在招聘时也不得不在相关专业中去选取相对优秀的人才——高职院校的跨境电商专业和本科院校的国际贸易相关专业的毕业生。除了高职院校专门培育国贸人才的基地，像财经类和综合类的高职院校以及少部分理工类、农业类、林业类的学校也开设了培养点。跨境电商专业作为新型专业，融合了多门学科知识，例如，计算机科学、市场营销学和法学等专业，是个复合型的学科。目前，主要的三类高职院校的跨境电商人才——一是贸易型，这种类型人才的培养用的一般是根据原贸易相关专业所衍生出的培养方案；二是技术型，用的一般是根据原计算机相关专业所衍生出的培养方案；三是管理型，用的一般是根据原管理相关专业所衍生出的培养方案。

基于以上分类，高职院校在课程体系设置上，为了学生掌握跨境电商的互联网相关技术，有些高职院校开设了编程类的课程，像是网站建设、数据库以及 Java 等课程；为了学生的商务管理能力和商务管理素养，一些学校着重开设了管理类课程，像是电商管理和营销管理等课程。

从教学设计上来看，现有的跨境电商专业的授课模式，是采用理论到案例再到实践这样层层推进的方式。理论的教学和其他专业一样采用课堂的教师授课来对学生进行培养；实践方面常因为一些相关性问题，例如，校企合作的方案或是跨境电商的培育基地的建设有问题导致学校的实践训练不能很好地进行。

跨境电商专业的学习考核和评价，当下还是遵循大部分专业所采用的出勤、测验和考试以及实践的考察等等来实行。受到教学模式的影响，评价机制也相对单一，评价体系不够完善，不能全面地检验学生的能力与掌握的知识。

根据《目录》中的调查数据，可以得出这样的结论——我国跨境电商行业所需要的人才应该具备以下四种特征：一是人才应该能够熟练操作电商平台网站，熟悉市场规则，有运营管理能力。调查结果显示，在行业内需求量最大的就是营销和服务人员，占总人才需求的 78%；二是需要人才具备一种或是多种的外语能力，其外语运用程度至少需要满足贸易过程中的使用。三是需要人才具备计算机能力，这类人才的需求也非常大，所占比例高达 47.5%；四是要求人才具备实操能力，在工作过程中能够独立解决问题、完成工作任务。通过以上分析，高职院校加速开展了一些工作，如开设专业课程，考取跨境电商人才认证。像江苏开放大学开设了四门跨境电商课程，此课程是阿里学院的代表课程，课时达 60 多。阿里的人才认证也被作为各高职院校考核学生的标准测试之一。此外，有些高职院校像杭州的浙江外国语学院等高职院校都与企业进行合作建立了跨境电商的人才培育基地。杭州市是跨境电商发展比较快的地区，所以在杭州的这批由政府支持的基地是中国首批跨境电商培养基地。

（二）政府跨境电商人才培养政策现状

政府对于还处在发展初期的跨境电商行业的关注在两个重点方面：一个是跨境电商产业链的管理方面；另一个跨境电商产业发展与国际金融服务的相关性方面。而政府对于跨境电商的人才这一方面的管理或是培养都不够重视，与此相关的政策法规相比其他方面少很多。雷洋（2017）指出："从跨境电商试验区地方政府出台的政策和人才培养工作的现实推进上看，政府的规制主要是两个层面的。一方面是教育投资机制的建立，解决目前教育的高投入低产出的问题。另一方面就是建立和完善跨境电商人才的产学合作培养模式，鼓励高校与企业积极合作，实现机制共建，资源共享。”① 这也可以看出，对于我国高校的跨境电商专业人才培养和学科建设上政府在体系和教学层面的推进工作较少。

除了上面的问题，造成我国跨境电商的人才培养体系的建设成为难点的原因还有各大高校、高职院校此专业的毕业生就业问题。根据雷洋（2017）的调查，我国的跨境电商行业在这十多年间的发展和提升并没有带动相关专业学生的就业率。他们的就业率无论行业如何兴盛上下浮动都在20%左右，而高校的平均毕业率能够达到47%。根据我国跨境电商研究中心的调查，跨境电商的毕业生很大一部分都没有选择对口的工作，这使得人才进一步流失，给跨境电商行业造成很大的人才缺口与行业危机。基于以上分析，对于此行业的人才问题政府需要给予重点支持和关注。

二、跨境电商人才能力素质存在的问题

（一）理论基础比较薄弱

我国的跨境电商研究中心的《中国跨境电商人才研究报告》显示，多数的企业需要复合型、综合型人才。但另一项研究表明，企业对于招聘的相关专业的毕业生有着知识结构单一、眼界不够宽阔以及专业的电商知识不扎实的印象。因为跨境电商拥有跨境的特点，所以它需要的是可以面向世界的综合型从业者，在掌握和运用电子商务技能的基础上，还要精通外语，拥有经营销售甚至管理的能力。但是因为现在高职院校的人才培养体系还不完善，一个不系统、不独立的专业是不具备提升学生的学习效果和巩固学生的理论知识的能力的。

（二）专业技能掌握不足

《中国跨境电商人才研究报告》和《目录》的调查显示，大部分的跨境电商企业要求和希望各高职院校开设有效的实践课程，而且目前高达72%的跨境电商行业倾向于专科人才。选择的原因就是实际操作能力的强弱，这是企业比较看重的。

只有在具备了开展外贸业务的能力后，跨境电商的从业者才能完美应付国际贸易范畴内的业务。要求从业者熟悉外贸进出口的法律，也能熟练填写与制作外贸的单据和证明，还要求他们能够独立、积极地开展网络上的交易，跟进国际物流、国际结算等相关业务处理等。此外，从业务所依托的媒介上看，跨境电商不仅是属于外贸这种贸易领域，还属于电子商务的范畴，所以从业人员需要具备电商信息的检索、制作及发布等专业技能，以及较强的网络营销及网络推广能力。同时，跨境电商从业人员也要求拥有本行业的敏感度，

① 雷洋．高校跨境电子商务人才培养模式研究及政策建议［D］．内蒙古工业大学，2017.

能够适时掌握行业动态和趋势，能及时发现各类行业新信息。

综上所述，我国高职院校对于跨境电商专业技能培养微乎其微。第一，因为环境方面以及学习硬件、软件的限制，学生难以在在校的学习时间就熟悉和熟练运用所有的知识和技能；第二，大部分高职院校的校企合作模式还不稳定也不完善，没法给学生创造稳定的环境，企业明明耗费了一定资源却不直接参与教学，导致投入产出比低；第三，有些老师仅仅给学生理论知识的教导，无法传授前沿且实用的专业技能；第四，无法学以致用的问题，学生学了专业的理论知识但是没法适应工作，导致人员积极性变差，专业技能也难以提升。

（三）综合素质有待提高

近年来，我国的跨境电商已经实现销售平台的协同转变，不再是传统的营销平台而是协同的商业服务平台。跨境电商的企业其实对于管理人才的需求并不高，尤其是纯技术型的高级管理人才，企业真正需要的是业务从业者，尤其是综合型、复合型的业务员。并且通过对企业的咨询，企业需求的人才除了专业能力还要具备外语交流的能力素养、较强的市场经营管理能力和专业的职业素养等特征。我们现在的高职院校进行的人才培养多是为满足企业的短期目标，像商业模式的创新学习、开展市场调查与网络营销还有互联网等实操技术能力，但是对于人才的长期素养的培育——交流与沟通，外国语的掌握等能力和素质都难以达到需求标准。在以后的人才培养过程中不仅要注重专业知识和理论的培养，更要兼顾综合素养的提升。

三、高职跨境电商教育教学存在的问题

（一）缺少系统培养方案

要知道，高校对于人才的培养不能靠一门专业延伸、拓展来的方法，这是不全面的。一个有效、完善的人才培养体系应该包括：一是课程的建立；二是教学的设计；三是教学评价的建构；四是教学技术上的配置，加之其他具体环节。所以，我们改善人才培养的难点，首要任务就是将培养方案系统化。

（二）教学技术相对滞后

如今翻转式课堂、混合学习、大数据技术已经普遍在课堂教育中体现。学生可以通过慕课等线上平台来完成理论知识的学习，线下的课程就主要用以解决学生的问题，拓展知识面和项目实训。并且线上的教学可以依托大数据，从而使教师能够更及时、清晰地掌握学生的学习成果。雷洋（2017）调查发现，天津的某职业学院将线上和线下两种授课效果通过对照组的方法，进行了简单的实验。

实验的结果显示，线上的教学效果甚至高于传统教学的效果。① 但是，在我国高校的实践教学中，仍然采取传统的线下课堂教学，学生的学习依赖于教师或是自己的兴趣，上述的线上学习只是提出，并未实现；除了理论知识的教学，实践方面因为培养基地的设施与环境都不够完善，学校和企业都得不到有效的反馈，大大降低了双方的积极性。学生的学习兴趣也被削弱。

（三）实践训练效果欠佳

除了增加实践课程，实践的教学还要有针对性，针对着合作的企业和未来就业的企业去培养学生的实践能力。虽然有高职院校注重学生的实操能力，可是并没有针对企业的要求对学生进行培训。学生只学会了课本中死板的基础操作，但是对于实际工作中会接触的项目却一无所知，距离企业对人才所要求的能力还有一定距离，还有人才培养基地的软硬件和应用设施的建设也需要注意。实践教学中出现的一切问题都应该慢慢思考和改进。

四、政府教育投资与培养政策存在的问题

（一）跨境电商政府教育投资效益低

政府对教育的投资所能得到的收益太低。企业培养人才投入了大量成本。但是校企合作因为种种原因没有保障，企业只付出了精力与金钱没有得到相应的人才资源的回报。再加之政府的投资也只放在高校的教育和培养中，而且只重实践与创业，理论的编写和更新投资不够。

（二）政策相关主体参与存在制度障碍

政策的相关主体除了政府自身，一般包括企业、学生、高校还有其他社会组织。因为利益主体不同，对政策的诉求也不同，但是政策的制定没法完全满足所有利益主体，所以难以均衡利益。

第二节　跨境电商人才胜任素质模型构建

我国跨境电商的人才培养有着不同层面的不同问题。要想解决问题，我们应该从浅层到深层，从微小的问题到大的问题。先明确企业的人才需求，再确立以胜任素质为目标的人才培养模式，最后依托政策去解决人才培养时涉及的投资与收入不匹配和利益不均衡问

① 雷洋. 高校跨境电子商务人才培养模式研究及政策建议［D］. 内蒙古工业大学，2017.

题。胜任素质模型是企业用于管理的一个相当重要的工具，可以描述胜任相应岗位人员所需要具备的素质。本章从构建跨境电商的人才胜任素质模型入手，确立企业所需人才的素质目标，奠定跨境电商人才培养的基础。

一、胜任素质模型思想及应用

（一）胜任素质模型简介

胜任素质模型（Competency Model），又称素质模型。其创始人是美国著名心理学家——哈佛大学教授麦克利兰（McClelland）博士。从概念上讲，胜任素质模型是指个人为了完成某项工作和实现某项绩效目标而应具备的知识和技能的组合，如内在动机、自我形象和社会角色等特征，在各种研究和文献中比较常见的两种胜任素质模型分别是冰山素质模型图和素质洋葱模型图。

冰山素质模型（见图 3-1）由麦克利兰于 1973 年提出。冰山模型将员工的个人素质划分为表面的“冰山以上部分”和深藏的“冰山以下部分”。其中，冰山以上部分浮于表面，显而易见，是比较容易测量与了解、便于通过培训来发展和改变的部分，属于员工的外在表现，包括其掌握的知识和技能。在冰山下面的则更难了解和衡量，也更难被外部力量改变。这些因素包括价值观、自我认知、特质和动机，这些潜在的素质在员工行为和绩效中起着关键作用。两者是表象和潜能的关系。

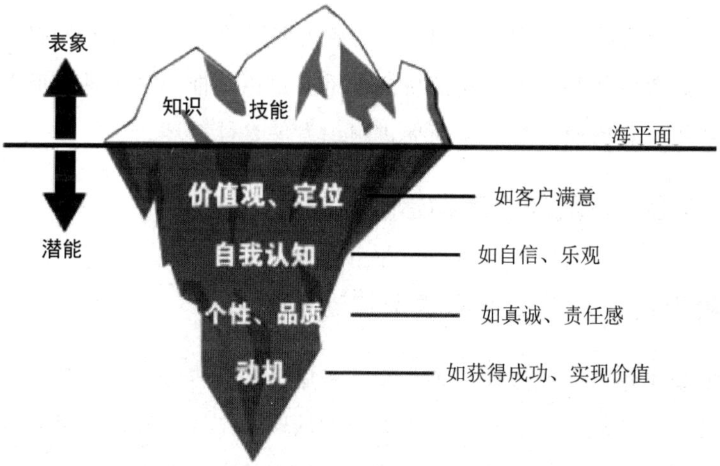

图 3-1　冰山素质模型

美国学者 R. 博亚特兹（Richard Boyatzis）在麦克利兰的素质理论基础上研究并提出了素质洋葱模型（见图 3-2）。类似于冰山模型从下至上的结构，洋葱模型是将胜任素质从内到外概括为洋葱状的层层包裹的结构。更接近外层的特征更容易培养和评估，在里面的则更难评估和改变。这两种素质模型都为行业或岗位专业人才的选拔、培养和考评提供了很有价值的参考。

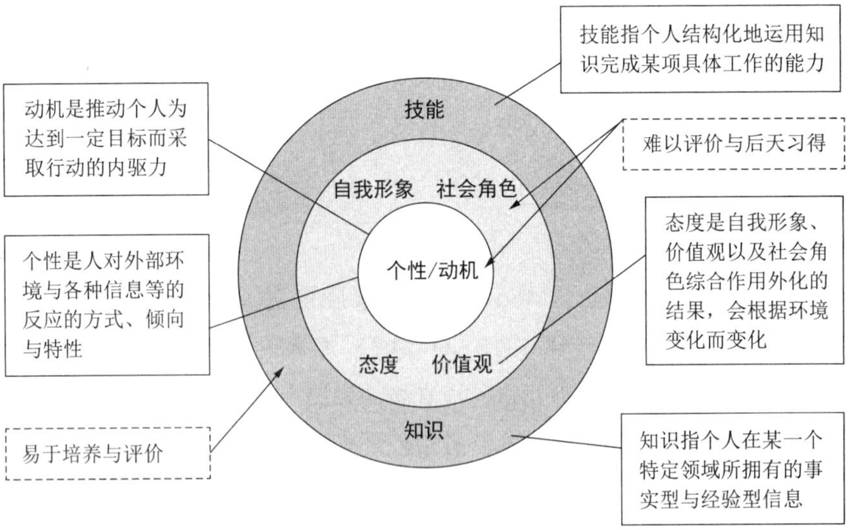

图 3-2 素质洋葱模型

（二）胜任素质模型的应用

20 世纪 50 年代初，美国在外交官人才选拔事务中初次应用胜任素质模型。后来麦克利兰博士又创立了 MCBER 公司，让这一模型更好地为政府、企业和其他组织提供人力资源服务。如今，将胜任素质模型投入应用的世界 500 强企业已有半数以上，我国知名企业联想、海尔、华为等也将其运用到公司的人力资源管理当中。胜任素质模型在企业的员工选拔、培训、绩效考核和激励等方面都扮演着重要角色，推动员工的自我管理能力、人际交往能力、领导能力和商业能力，从而促进组织发展良性循环。

二、跨境电商人才胜任素质初始模型构建

（一）跨境电商人才胜任素质模型构建思路

胜任素质模型构建的一般流程：第一步，采用工作报告分析、专家小组讨论等办法确立绩效标准；第二步，从该岗位正式员工中分别抽取一定同等数量的绩效优秀和绩效普通的员工；第三步通过行为事件访谈、量表式问卷调查等方法获取足够样本数量的胜任特征评价数据；第四步，建立胜任素质模型，并对其有效性进行验证。

但由于跨境电商行业缺乏一个完整的对于人才的需求类型进行分析的体系，且本书的研究目的是建立高职院校跨境电商人才培养模式，而不是将其应用于企业内部员工的培训。因此，在构建跨境电商人才胜任素质模型时，应结合本书的研究目的制定模型构建流程。

因此，在研究跨境电商人才胜任素质模型构建时，第一步，运用行为事件访谈法提取跨境电商人才胜任素质特征；第二步，构建跨境电商人才胜任素质初始模型，并对初始模型中所有提取的胜任素质特征进行描述；第三步，需要对初始模型进行检验和修正，分为预试调查和正式调查两部分，这两次调查结果都需要进行信效度检验及探索性因素分析，两种分析利于根据检验结果对特征进行修正和调试；第四步，构建正式的胜任素质模型并进行分析总结。综上所述，本节跨境电商人才胜任素质模型构建的流程可表示为图 3-3。

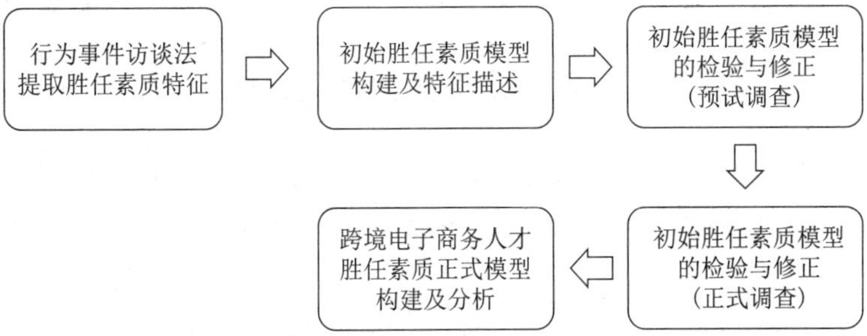

图 3-3　跨境电子商务人才胜任素质模型构建流程

（二）跨境电商人才胜任素质特征提取

本研究首先运用行为事件访谈法对跨境电商人才的胜任素质特征进行提取和筛选。选取生产型、平台型、物流型三种不同性质的跨境电商企业来作为访谈对象。从这 3 家企业当中经过人力资源部门的推荐选择了 24 名核心部门的基层管理人员和少数工龄在 3 年以上的基层工作人员作为访谈对象，并分为绩效优秀和绩效普通两个小组。访谈的过程先要向人力资源部门了解被访谈者的基本信息、职位相关信息，准备访谈大纲和问题设置，这是前期的访谈准备，以及前期访谈工具的准备，如录音笔、签字笔和笔记本等。行为事件访谈法一般遵循 STAR 原则来对具体的行为细节进行挖掘，本次访谈也采用这一原则，这一原则大致由下面 4 个问题组成，具体为：S（Situation），“那是一个怎样的情境？什么样的因素导致这样的情境？在这个情境中有谁参与？”；T（Task），“您面临的主要任务是什么？为了达到什么样的目标？”；A（Action），“在当时的情境下，您心中的想法是什么？想要采取怎样的行动？您是如何看待其他人或情境的？”；R（Result），“最后的结果是什么？过程中又发生了什么？”本次访谈在遵循 STAR 原则的基础上共设置 6 个问题，每名员工访谈时间为 60 分钟。

作者首先对目前国内研究所建立的部分版本的胜任力词典进行了学习，是为了保证胜任素质特征提取的正确率和效率性。主要用于通用素质部分的特征提取；其次通过查阅有关跨境电商行业、国际贸易行业胜任素质模型的相关研究，对胜利力词典进行了补充，用于专业素质特征的提取。同时，在访谈过程中，为了保证每个参与者的访谈能够获取 6～

10个胜任力特征，作者会就回答不完整或信息不充分的参与者，继续追问其回答。[①] 最后，将所有编码的正面反馈的结果特征进行排列和选择，根据综合素质和专业素质，对代表性较低的项目进行分类删除。然后统计两组受访者的正确结果频率，并进行对比分析。然后删除两组比较中频率相同或差距较小的项目。

根据调查结果，无论是在综合素质还是专业素质方面，优秀绩效群体中获得正确结果的频率远高于绩效普通组。因此，通过此次行为事件访谈提取并编码的胜任特征可以很好地区分被访谈者的绩效水平，从而形成跨境电商人才胜任特征的初始模型。

三、跨境电商人才胜任素质正式模型构建及分析

通过探索性因素分析，初步得到了跨境电商人才胜任素质的正式模型框架，包括五个维度的20个胜任素质特征。现进一步分析和定义五个维度的每个特征，以获得最终的胜任素质模型。

在通用能力素质部分中，维度一是员工在工作或团队中所体现出的基本素质和能力，包含进取心、责任心、弹性与适应性、团队合作和协调交流五个特征，因此可以将这一维度定义为职业素养维度。其中，进取心可以体现为勇于面对挑战，渴望获得成就，对自身工作和行为有较高的标准和要求；责任心表示能够重视和专心对待本职工作，对工作负责，甘于奉献。这两个特征是任何行业员工的基本素质特征，也是对行业从事人员最基本的要求。弹性和适应性指的是在保持高效的同时快速辨别和适应不同环境或人群的能力。这一功能对跨境电商从业人员尤为重要。再加上跨境电商项目跨越国界，其客户群来自世界各地。因此，要想在这个行业中生存的人必须具备良好的适应性和适应能力，并在不断变化和发展的环境中有效地工作。团队合作与协调交流这两项特征对于跨境电商从业人员而言亦非常重要，跨境电商行业发展迅速，需要保持高效的工作，良好的团队配合能使工作产生“1+1>2”的效果，同时对内对外做好协调交流也是提速、提效和提高业绩的重中之重。综上所述，职业素养维度是跨境电商人才胜任素质模型所有维度中最基本，也是首要的一个维度。

维度二包含以客户为中心、信息分析、计划推行和学习发展四项特征，这四项特征显而易见是以改善工作效绩和加速自我职业发展为目标的，它具有促进其实现内在激励和主动性的作用。因此，维度二可以定义为成就导向维度。以客户为导向是包括跨境电商在内的所有2C企业的发展宗旨之一，也是员工应具备的基本理念，然后根据客户的需求不同，不断提高服务质量和水平，从而提高客户的满意值。而信息分析、计划实施和学习发展都是个人在成就和目标的动力驱动下所做的自我学习和工作能力的提升。“跨境电商+大数据”所带来的海量信息要求每个员工都应具备基本的信息整理和分析能力，同时，每位员

① 倪名扬．产教融合视角下基于胜任素质模型的跨境电商人才培养研究［J］．生产力研究，2020（5）：131-134.

工都能按照工作计划及时完成任务，不断学习和更新专业知识和技能，有利于提升公司整体发展速度和质量。因此，从工作角度来看，成就导向维度是跨境电商人才在能胜任工作的能力基础上，再提升和发展的重要保障。

维度三包含前沿追踪、创新和市场导向三个特征，这三项胜任素质特征非常契合跨境电商行业的特点，需要关注市场导向、紧跟行业前沿、把控行业龙头，并不断改变和创新，因此可以将这一维度定义为行业敏感性维度。市场人才只有积极关注国内外市场的发展变化，积极主动地去了解行业最新的发展动态和竞争态势，并且不断创新工作内容和方式，才能帮助自身和企业在跨境电商的迅猛发展中立于不败之地。这一维度的特征对于普通从业人员来讲可能要求略高，但具备强烈的行业敏感性是跨境电商企业绩优人员必备的一项胜任素质，同时也是所有跨境电商从业者提高胜任力的一项重要指标，只有这样才能在发展快速、变化莫测的新兴的跨境电商行业中成为中流砥柱。

维度四包含国际商务英语、外贸公文写作和国际交流商务礼仪，这三项均是在跨境交流方面所必备的知识技能，因此可以将维度四定义为跨文化沟通维度。跨境电商企业涉及国际交流的工作有很多，不同的岗位对于外语能力的要求和侧重会有不同，能够进行日常的外语交流，并掌握一些必要的商务英语和外贸公文写作知识，这应该是每一个员工的标配。同时，多学习和了解不同国家不同文化背景下的商务礼仪也是未来跨境电商人才应具备的一项素质或技能。

维度五包含网站设计与编程、国际贸易法律知识、网络营销与推广能力、跨境交易流程操作和网店运营与售后服务五项特征。它们均与跨境电商的业务实操关联紧密，因此可以定义为专业技能维度。企业人才所掌握的各项专业技能是跨境电商企业运营的基础和核心，只有将技术这项“地基”打好打牢，跨境电商这座“大楼”才能越筑越高；只有将技术这个“核心”掌握牢固，跨境电商这座“大楼”才能永远不倒，各项业务才能蓬勃发展。因此专业技能维度是专业能力素质部分最关键的一环。

第三节　高职跨境电商人才胜任素质模型构建及政策网络分析

一、高职跨境电商人才培养模式构建

（一）学科综合课程体系

课程体系主要由理论课程、实验课程以及软硬件环境配置等方面组成。跨境电商是一门新型交叉学科，其理论课程建设需要多学科理论知识加上分重点教学和考察相结合。同

时，跨境电商概论、跨境电商等专业基础课程还需要修订。

通用能力素质主要有三个考察维度，其中，职业素养和成就导向维度主要是通过通识类课程的教学培养人才，使学生具备高素质、高修养并实现全面发展。因此，高职院校学生学习的思政、英语、计算机基础、体育等课程不足以实现这个目标。我们需要在这些课程基础上，针对跨境电商专业，增设心理学、社会学、组织行为学、艺术与审美、中国传统文化经典等选修课程，扩展学生的知识维度，提升学生的知识面，从而促进学生综合素质的整体提升。在行业敏感性维度能力素质的培养方面，应该更多地通过创业类课程或者比赛等形式锻炼学生，使他们成为有创新想法、勇于实践、追求梦想的新一代。例如，可开设网点创业体验比赛、跨境电商创业与创新、跨境电商网站设计大赛等。

依据专业能力素质部分的两个维度可以建立相应的专业类课程体系。首先，从跨文化沟通维度考虑，我们要培养学生学习外语、应用外语的能力。一旦涉入跨境电商行业，我们避免不了要与世界各地的人进行沟通交流。若想成功地进行企业营销，关键在于我们是否充分地学习了世界各地的商务礼仪、是否熟知各地的习俗禁忌以及是否掌握了必要的沟通技巧。因此，在这个维度的相关课程里，国际商务英语、外贸公文写作、国际商务礼仪都是必修的几门基础课程。这些不仅是基础课程，更是重要的课程。跨境电商英语是一门必修专业课，它是一门专门教授跨境电商行业英语的课程。最后，针对国际市场的普遍性，跨境电商专业最好还是开设第二外语课程和相应的国际文化基础选修课，以完善课程体系。学生可以自由选择小班教学的小语种，这样他们的能力才能更好地适应跨境电商行业。专业技能维度涵盖了大量专业课程，整合了传统跨境电商和国际贸易的部分知识。根据从专业技能维度提取的五个胜任素质，我们可以从传统跨境电商专业中选择的课程包括网站建设、网站设计、网络营销实务、网络数据库等。国际贸易专业属于经济学学科范畴。根据跨境电商的概念和特点，我们可以从中提取的课程应该包括国际贸易理论和实践，以及必要的财务和数学基础知识。例如，国际贸易、国际贸易惯例、国际金融、企业会计、企业经济统计等。

此外，从基本性质上来说，跨境电商也是国际商业活动的一种表现形式，因此，要求学生具备国际商业法律和网络知识产权等方面的知识便不足为奇，这可以最大限度地保障自己工作的进行。在对国际贸易或国际商务专业进行课程设置的时候，国际法律知识在国际商法、国际税法、合同法、涉外经济法等课程中均有所渗透。而且，跨境电商的产品顺利步入国际市场的主要标志就是国际商标的成功注册。世界上很多国家或地区对国家知识产权的管理相当严格，侵权的产品是不能够入境的。我国海关的知识产权保护工作实施得较晚，但随着经济全球化进程的加快，跨境电商课程体系中亟须完善知识产权法的相关内容，尤其在当前网络技术高度发展的今天，网络环境中的知识产权法等内容的增添更是被提上日程。

在国内高职院校跨境电商专业课程体系建设的进程中，随着我国改革开放程度的加深，一些开放程度比较大的地区，相应的跨境电商的发展就比较快，在课程体系建设方面便具有优先的发言权。例如，深圳市跨境电商研究员提出希望深圳市政府相关部门能够走近企业、高职院校，针对深圳企业“走出去”的强烈愿望，结合深圳发展的特点，对跨境通关、跨境税务、跨境法律、跨境物流等一系列跨境电商专业教学科目和教材进行修改和提升，使之跟得上深圳甚至全球的发展步伐，对开放程度不同的地区进行不同程度的教材课程开发，有利于学生的理解与实践。这个建议也开拓了跨境电商专业课程体系的建设思路，意义颇深。

（二）混合学习教学设计

在理论部分已经对于混合学习的大致概念有所介绍，可以简单地概括为面授教学和数字化学习的结合，将各教学要素有机整合，完美地融合学习。基于混合学习理论的教学设计是在互联网＋教育的时代主题背景下逐步得到关注、研究和应用的。其教学设计的原则就是以学生为主体，设计和创造进行实践活动的环境，关注人与环境的有机统一，关注人的完整性发展。这与跨境电商人才培养模式的构建所遵循的以学生为中心的教学理念是完全一致的。所谓教学设计主要是指教学结构的设计，其要素主要包括人的教学体系、教学环境、教学内容、教学方法和教学技术。从混合学习的角度来看，各种教学结构要素的意义不同于传统的教学结构要素。本小节运用混合学习理论分析了跨境电商专业的教学结构要素，形成了教学设计思路。

1. 教学系统中的人

跨境电商教学系统由学生、教师和企业导师三类人群构成。混合学习主张学习过程以学生为主体，教师和企业导师结合学生的具体学习行为、学习效果和学生个体能力素养等方面对学生进行差异化教学。混合学习中难以针对人的因素作定向分析，因而可以以教育大数据的定量学习行为作为切入点对其进行分析。教师首先对学生的日常学习行为以及学习态度进行考察，在此基础上对在线学习过程的相关数据进行整合分析，针对不同学生的学习特点和认知结构的差别从而匹配各种能力特征，实施教学。例如，一些学生自律意识差，经常迟到，旷课或不按时进行在线课程学习并完成相关作业，那么教师可以重点培养他们的计划执行能力和进取心理等素质；如果学生具有优秀的专业技能和优异的成绩，但与教师和学生的互动较少，不善于在小组中发言，则需要注重培养他们的协调、沟通、团队合作等能力。所有这些信息都可以从教师对网络教学的课堂观察、记录和大数据技术分析中获得，为教师和企业导师在教学中提供定量参考。

2. 教学环境

一般来说，所谓混合学习，即线上学习环境和线下学习环境的融合。从上一节课程体系的构建可以看出，跨境电商的线下教学环境由理论授课环境和实践教学环境构成。在理论授课环境下，我们可以参考当前先进的教学环境设计，用互联网教室代替传统教室，借助互联网平台实行课上课下的统一数字化管理，进而能够对学生的具体学习行为进行详细、精准的分析，利用信息技术对教学行为进行优化提升，设计具备个性化特征的教学方案。实践教学环境方面主要是对跨境电商的实训基地进行建设，构建相应的课程体系，从而满足跨文化沟通维度和专业技能维度能力素质训练为主的软件平台，以及实训基地相应的硬件设施的配置安装等。线上学习环境可以运用 MOOC 和 SPOC 等平台，高职院校可以指定 MOOC 等主流网站的课程，也可以利用如 Edusoho 网校 MOOC 版等系统搭建高职院校专属的 MOOC 平台，实现“课程点播/直播—课件资料共享—作业批阅—移动考试—问答讨论—学分认定—行为数据分析”等一站式管理。配置良好的教学环境，不仅可以提高学生学习能力和专业素养，还能大幅度提升教学效率，促进学生知识内化。

3. **教学内容**

教学内容是联结各教学要素的纽带，混合学习在教学内容的设计上要注意两点：一是要体现出以学生为主体的个性化教学理念，针对性、有规划地对学生个人胜任能力素质进行培养；二是要体现出大数据时代群组互动的分享型学习方式，有效地促进学习共同体的组合和进步。跨境电商是新兴领域，且知识结构复杂，更新速度快，学生的自主型学习和探究性学习也是一种较好的策略，它们可以帮助学生培养个人胜任素质。根据在线学习数据分析的结果，教师或企业导师会引导学生进入问题情境。学生识别和分析信息，提出假设，然后使用新知识进行独立研究，解决问题，并做出最终决定。教师和企业导师可以通过在整个过程中提问来指导学生的思维。这种以问题为导向的教学可以使学生在自主学习过程中明确自己的学习期望，将学习过程和结果内化为自己的能力和素质。同时，这种形式的教学内容也将师生、线上线下环境、教学方法和教学技巧有机地结合起来。根据人们的社交习惯，群组化、圈子化也可以在学习过程中运用起来，以构建学习共同体。让学生以兴趣爱好、课程偏好等为特征自主形成学习群组，组内成员之间互相交流学习方法和心得，促进学习；群组之间也可互动分享，拓宽视野，共同进步。二者的结合不仅可以提高学生在探究学习过程中的信息分析和学习发展能力，还可以培养学生在小组互动和共享学习中的协调、沟通和团队合作能力，在提高学生的专业能力和素质方面事半功倍。

4. **教学方法**

所谓混合学习视域下的教学方法，是要将教学系统中的各个角色，置于特定的教学环境中，借助一定的教学技术完成相应的教学内容过程中所涉及的所有教与学的方法。跨境电商是一门交叉的学科，专业知识涉及面广、内容变化快、看重实践操作、创业氛围好，所以为培养学生多方面的能力和专业素养，不应使用单一的教学方法，而应该综合运用讨论式教学、问题导向式教学、项目导向式教学、体验式教学等，根据课程内容的不同采取其中任一或者几种教学方法。在上述教学方法中，根据各个教学方法的特点，问题导向式教学和讨论式教学更适合在专业课程的线下教学环境中应用。通过教师的提问和引导，在学生的讨论过程中可以培养学生的信息分析能力、学习发展能力、协调与沟通能力、创新能力等。项目导向教学、情境教学更适合课堂实践，如国际商务英语应用能力情境模拟培训课程、跨境电商实践模拟培训课程等，注重培养学生的责任感、主动性，培养学生的合作互助精神，促进学生跨文化交际能力素质维度的提升以及专业技能维度的进步。在当今教育方法中，体验式教学的提出时间并不久，但教学效果却非常明显。通过在创新创业教育中运用情境体验、案例分析、角色扮演、课堂辩论、模拟培训等多种形式，与跨境电商创业课结合使用，激发学生各维度能力的潜力，有利于综合素质的系统提升，对能力的提升作用更加明显。最后，教学方法的另一个研究重点是如何混合各种问题，如线上和线下课时的分配、企业实训课程占总课程的比例、学生如何在理论课程和实践课程之间转换思维。这就对教师提出了更高的要求，需要教师在实践教学过程中做好分析、总结工作，通过一线的反馈逐渐改进、革新教学方法。

5. 教学技术

在对跨境电商的人才培养模式进行创新的同时，需要注意新的人才培养模式的进步需要跟得上当前先进的教学技术的步伐，这包括两个方面：一是指教学硬件和软件环境；二是指教师本身的教学水平所决定的个人能力。教学硬件环境方面主要指的是互联网教室的广泛运用及跨境电商培训基地的建设与发展。现代互联网教室彻底改变了传统教室的结构，依托先进的智能化的硬件设施，充分利用移动应用的优势，以云计算和大数据为支撑，意图创设教与学、课前课中课后、教室内外，老师、学生、学校、企业多元主体和多维度的教学应用生态系统。目前，互联网教室的开发已经逐渐拥有了成熟强大的技术支撑，且已经展现了很好的效果，广泛运用于教学环境的管理提升、创新教学模式以及扩展教学资源等领域，互联网教室的建设可以给学生、教师和教学带来极大的便利和帮助。实训基地的建设则需要校企齐心出力，并引入政府投资，将基地建设成集培训课堂、培训室、报告厅为一体的培训环境，以及学生宿舍、餐厅超市、运动健身等为一体的生活环境。

二、高职跨境电商人才培养政策网络分析

基于胜任素质模型的高职跨境电商人才培养模式主要是在人才能力和素质培养的基础上构建的高职教育教学模式。该模式的参与者主要包括高职院校、企业、政府和大学生。在人才培养模式的构建过程中，不同的参与者扮演不同的角色，发挥不同的作用，获得不同的利益。人才培养政策的循序推进，政策主体利益的合理分配，以及政策主体策略的最优组合保证了人才培养模式的有效落实。本节是关于高职院校跨境电商人才培养的政策网

络分析，为制定合理的政策建议打下基础。

(一) 政策网络主体分析

政策网络主体一般包括制定政策人员、执行政策人员、与政策利益相关联的具体实践人员和政策所需群体。从这个意义上说，高职阶段的跨境电商人才培养的政策网络主体为政府本身、高职院校、企业单位和高职学生群体。

1. 政府——政策的制定者及执行者

随着当前经济的全球化，跨境电商产业呈现蓬勃的发展态势，一方面，可以敦促各跨境电商企业及时进行产业结构转型，同时也有助于促进我国外贸经济的健康稳定发展，促进商品的“优进优出”，形成业态的良性循环。劳动密集型产业的发展也必然会带动更多就业岗位的产生，更大程度地促进了改革开放，推进经济的高速发展和经济结构的升级优化。跨境电商人才是跨境电商企业的重要资源，在人才培养方面，各级政府依据其不同的职责范围，所发挥的作用也会有所差别。中央政府一般情况下会制定相应的政策来统筹安排跨境电商产业的发展和人才培养。另一方面，地方政府注重政策的贯彻落实，履行指导、监督的职责，结合当地实际情况，从运行机制和资源配备方面保证政策能够得到可靠、有效地落实。因此，政府在高职教育跨境电商人才培养政策网络中的主要职能有以下三点。

(1) 政策供给。参考当前的政府相关政策不难发现，无论是在跨境电商的专业建设方面，还是在跨境电商人才培养方面，中央政府提出的相应政策保障都比较欠缺。政策供给一方面要重视推进高职教育教学层面的政策出台，另一方面要加快产学合作人才培养的政策进程。

(2) 财力支持。高职院校跨境电商人才培养课程体系的研究，教学技术的升级和实训基地的筹备、建设等都离不开资金的支持。加大对跨境电商人才教育的投入，可以促进跨境电商人才的能力提升，体现人才的资本价值，促进产业发展。

(3) 利益平衡。政府在制定和实施人才培养政策的过程中，要平衡各方利益，促使各方能够积极地、主动地参与进来，完成自己的使命，使政策网络能够稳定、有序地发展。

2. 高职院校——政策的践行者 (人才供给侧)

高职院校作为跨境电商人才供给的主体，是政策网络中教育教学政策的实践者，是政府制定政策的实施者。高职院校的主体性主要体现在以下三个方面：首先，有效践行相关政策下的培养模式，包括课程体系构建、理论教学与实践教学的开展、教学评估等。其次，对相关的教育资源进行必要的整合。依据人才培养模式的具体要求和发展需要，对教育教学资源进行必要的整合，如教学软硬件环境的建设、教材选择、师资培养和各类基础设施建设等。最后，推动校企合作的开展。高职院校培养人才的同时，也要注重人才职业素养的培养，通过主动与企业沟通，促使双方合作的达成，实行校企共建的教育模式，真正实现资源的互通有无，使高职院校的人才更加匹配企业的内在需求。

3. 企业——政策的践行者（人才需求侧）

在跨境电商人才培养政策网络中，企业作为真正的人才需求者，自然也同样是相关政策的实践者。这就要求企业在和高职院校的校企合作过程中充分发挥主动作用，提升企业在行业内的竞争力，从而增强自身的综合实力。企业在该政策网络中的主体性可以从以下两个方面有所体现。

首先，推动校企合作的进行。这就要求企业主动参与到高职院校的跨境电商专业的教育教学过程，了解教学一线的课程体系结构以及学生的能力素质，尤其需要为高职院校提供硬件支持，帮助其建设相关的实训基地，根据自身需求提供培训方案，进而对教师和学生加以引导。其次，为高职院校学生提供相应的就业岗位。随着企业综合实力不断地增强以及管理机制的创新，企业的岗位需求也会明显加大，空余的职位就能更好地满足应届毕业生的需求，推动校区合作的无缝衔接。

4. 学生——政策所需群体

政策一旦制定后，最终作用于学生群体。政策是学生所需要的，他们处于政策网络结构的终端，故其作用地位相对来说比较被动。由于学生群体人数庞大，个人对政策的选择与态度各不相同，因此难以对政策过程施加集体影响。学生群体在政策网络结构中的主要作用是对政策过程和结果进行准确、有效的反馈，而反馈本身也会对政策过程起到促进作用或反作用。

（二）政策网络结构分析

各个政策主体和他们相互之间组成的网络关系的结构形态便是政策网络结构分析。它不仅证实了政策主体的存在，也体现出各个政策主体的内在期望与利益诉求以及所体现出的博弈过程。在高职跨境电商人才培养的政策网络中，政府、高职院校、企业、学生及其他组织构成了政策网络静态的政策主体，而人才培养政策的推进、校企合作的进行、高职与企业之间的利益羁绊、政府的协调与引导等则共同构成政策网络的动态结构。

不同的政策主体之间不是各自为政的，他们作为政策网络上的不同点，存在单向或双向的联系和沟通。在这个政策网络结构中，核心地位是由政府占据的。作为政策的制定者和执行者，政府拥有最关键的资源，并与所有其他主体进行强有力的双向互动。在高职院校跨境电商人才培养中，政府通过政策手段对高职院校、跨境电商企业、学生、研究机构等组织施加影响，每个主体都会根据自己的政策预期和利益需求与政府交换信息，从而影响政策过程。高职院校作为跨境电商人才培养的主体单位，担负着跨境电商人才输出的重要使命，大量的教育教学资源在此汇集，并享受一定的资金支持，是人才培养政策的一线实践者。因此，高职院校与政府、企业和学生之间存在强烈的互动。跨境电商企业是人才的需求者。在产学研合作政策的指导下，他们与高职院校联合培养人才，特别是在实习和就业期间，对学生的影响比高职院校更大。因此，这些政策网络结构中的各个主体之间必须以频繁的沟通和交流为前提，形成良性互动关系。总体而言，学生群体是政策的目标群体和保护对象。学生群体是整个网络机构中人数最多的群体，不同学生的需求也存在较大差别，组织松散，因此学生群体在政策网络中的影响力有限，学生之间的沟通交流也比较缺乏，难以形成凝聚力。其他组织由于其不固定的属性，在人才培养的不同阶段可能有不同的代表群体，因此它们在政策网络中与学校、企业和学生的互动相对较弱。

第四节　高职跨境电商人才培养政策建议

一、宏观层面——政府主体策略

（一）加速专业建设

高职跨境电商人才输出首先要建立在有一套系统培训方案的基础上，实现自主招生、自主培训、自主就业。当然，拥有专业技能的人才对跨境电商企业的可持续发展至关重要，但拥有掌握多学科理论、具备优秀综合素质和技能的跨学科人才更为稀缺。因此，未来政府需要将政策重点和投资目标转移到专业体系建设上。教育部门要整合相关教育资源，组织高职院校和科研机构共同开发跨境电商课程，编写教材，培训师资，加快跨境电商自主发展，开展专业建设。作为中国首个跨境电商综合试验区，浙江省杭州市政府已采取行动，率先建设跨境电商专业和专业体系。2016 年，杭州跨境电商建设相关领导部门在深入调查跨境电商人才短缺问题后，提出推进职业教育和普通高等教育的教学改革和院校转型。此外，跨境电商应用学科体系建设将正式纳入发展规划，促进人才的规范化、专业化培养。随着我国跨境电商产业的快速发展，相关企业对人才的需求量骤然上升，同时也对人才的质量提出了要求，中央和地方政府应以杭州为例，尽快将跨境电商专业建设提上议事日程并采取行动。

（二）规范产学合作

通过对高职院校跨境电商人才培养政策网络的分析，可以得出以下结论：各政策主体之间存在一些问题，如校企合作利益不平衡、政策的宏观利益与学生的微观利益之间的不平衡等。要实现主体利益的平衡，就要明确各方利益的要求，政策的制定和实施、资源的配置和调整、合作的形式和程度都要在体制和制度上加以规范，只有这样才可为各政策主体提供必要的安全保障。根据《国家中长期教育改革和发展规划纲要（2010—2020 年）》（以下简称《纲要》）中提出，要完善统筹有力、权责明确的教育管理体制，明确各级政府的职责。同时，提出综合运用立法、规划、拨款、政策指导、信息服务和必要的行政措施来全面规范办学行为。在教育经费保障方面，《纲要》首先明确了社会投资是教育投资的重要组成部分，要充分调动全社会合力办教育，充分发挥社会主义的优势，为社会资源进入教育领域开辟广阔的道路。

在跨境电商人才培养产学研合作政策中，政府应对高等职业教育中的教育垄断、资源浪费、管理不善等问题进行监管，进一步扩大高等职业教育的开放度，增强学校合作的主动性。在社会投入中，企业的教育投入是主要部分，占据了相当大的比重，因此政府应当通过相应的政策促使企业投资教育，并保障其制度有效运行，如建立产学合作成本分担机制，并在综合考虑人员培训成本、企业发展和经营状况等因素的基础上划分投资比例。《纲要》还指出，学生应该是教育的主体，学校的工作活动应该围绕如何使学生在学校里得到健康、快速、有效的成长而展开。因此，政府和高职院校在决策过程中应充分考虑学生的利益，通过探究式、体验式和项目导向式教学，充分发挥学生的自主学习能力和探究学习能力。课余时间，教师和学生应加强沟通，重视学生的心理教育，培养学生的兴趣爱好。最后，为应届毕业生拓展就业面，增设专业相关就业岗位，保障毕业生的顺利就业，将法律作为有力武器，加强对学生就业权益的保护，为学生创造公平有序的就业环境。

（三）完善投入机制

2016 年 3 月，中共中央发布《关于深化人才发展体制机制改革的意见》，指出建立保障人才优先发展的多元投入机制。首先，政府要优化财政支出结构，加大对人才开发的投入，提高投资的使用效率。二是增加社会投入，建立包括企业和社会组织在内的教育多元投入机制。高职跨境电商人才培养教育具有巨大的投资潜力，包括专业建设所需的人力、物力、技术成本和科研经费，还包括后期高职教育培训投资，以及企业实习的各种补贴等，完善投资机制，加强资本运营监管，引入多元化投资，是提高投资效率、平衡投资者利益、实现跨境电商人才快速有效培养的有力保障。我们对人才进行培养，是为了让人才在工作岗位上能有更有价值的输出，可以促进社会经济的价值体现。重视提高人才留用率，保证企业健康发展。当然，有的企业存在一定程度的人才流失情况，对此，政府应帮助企业，在社保方面和社会福利方面及时为跨境电商的中小企业提供一定的帮助和支持，注重人才的薪资结构，尤其是实习生的相关待遇一定要得到保障，确保企业人才的稳定，方可保证未来的发展。

二、微观层面——政策践行主体策略

（一）高职主体策略

高职主体在实施人才培养模式构建中负有最重要的责任。

首先，在课程体系建立方面，高职院校需要组织专业工作者、教学人员，并邀请企业相关专员队伍，参考高等学校课程体系的建立准则，参考本书及目前关于跨境电商课程体系构建的相关研究文献，加入高等教育通识类课程，完善专业课程，共同研究跨境电商专业课程体系建设，形成以提升学生能力为目标的课程培训计划。

其次，在教学方面，能够遵循教育标准，贯彻以学生为中心的教学理念，是高职教学的基础，以混合学习理论、胜任素质理论为指导，并将大数据技术、情境感知等教学技术引入实践教学，实现线上线下学习相结合。一方面，高职院校需要解决师资队伍建设问题，不仅要使跨境电商专业教师具备较高的专业知识技能水平，同时要通过各种培训、评估来提升教师对前沿教学理念的认知水平，提高现代教育技术的应用能力以及对教学内容、教学方法的自主研究和创新能力；另一方面，高职教育应逐步开放，主动邀请企业导师参与教学，督导教学，在教学内容上积极引入企业最新的项目作为案例帮助学生理解专业知识和行业发展，保证学生接触到的知识是最前沿的，将课堂理论与行业实际接轨，避免了教材内容滞后于行业发展的现象。

最后，在评估机制方面，高职院校应积极与企业和高等教育研究机构合作，参考国内应用型专业人才胜任力评价机制的相关研究，建立合理可行、符合学校实际的跨境电商人才胜任力评价机制。并通过问卷调查、访谈、德尔菲法等调查方式对跨境电商人才胜任素质指标体系给予相应的权重系数，通过实践验证和反复修改，最终建立起符合学校人才培养方案的评价机制，可以更加公正客观地反馈学生的学习效果，为改进人才培养模式提供依据。

（二）企业主体策略

企业是跨境电商人才的最终需求者，因此务必要保证企业在校企合作中的作用和地位，提高企业在跨境电商课程体系构建方面的参与度，让企业真正走进高职院校的实训课堂，实现课堂与企业之间的零距离，并根据企业需要提出课程和教学建议。合理规划教育投资，跟踪资金运行，避免资源浪费，提高人才投资效益。同时，企业本身也需要“上课”，大多数员工离优秀绩效的标准还有一定距离。因此，企业还应重视人才的继续教育，借鉴跨境电商企业的胜任素质模型，建立科学合理的职员绩效考核体系。积极响应国家政策，努力为职工申请相关的政府补贴和社会福利，将成本控制在合理的范围内，注重职工长期的激励机制的建立，激发职工在行业内长久发展的决心，从而有效地留住行业人才，避免人才培养的资源浪费。其次，在高等职业教育的实践教学中，企业作为人才的最终需求方，需要在产学研中积极地发挥作用，主动将行业最新的项目情况以案例的形式分享给学校，在企业内部选拔出合适的导师对学生进行相关的培训。因此，企业还需要定期成立项目组，负责后续实施，包括制作企业案例、实践项目主题、安排讲师备课、与学校相关负责人沟通，共同推动项目的实施。最后，企业在人才培养中的重要环节，也是企业最终选择人才的关键环节，即企业实习。在上一学年之前，公司应首先确定应届毕业生的招聘需求和职位安排，然后开始双选会议的准备工作。在双选会议上，我们将通过企业讲座与学生进行一对一交流，为合适的毕业生提供实习机会。公司对实习生进行统一的岗前培训，安排实习导师，进行实习绩效考核，为优秀实习生提供职位或推荐机会。

（三）学生及其他组织策略

学生群体在人才培养政策网络中处于相对被动的地位，其数量庞大，个体意志差异复杂，组织松散。然而即便这样，任何一名学生在学习和就业的时候，都是独立自主的个体，都能充分发挥个人的主观能动性。因此，在既定的人才培养模式下，学生首先应充分利用学校提供的教育资源，努力学习理论知识，培养实践技能，增加就业机会。其次，大学生要勇于、善于行使参政议政和教育监督权，通过网络和舆论表达对人才培养政策的意见和期望。比如，参与教学评价，针对用人单位在招收应届毕业生时存在的侵犯学生就业权益问题等。

针对高职院校的资金保障问题，作为政策引导者的政府，可以以财政、税收、土地、金融等方面为切入点，制定相关的政策，吸引社会组织积极投入教育领域。所以社会组织在高职跨境电商人才培养政策过程中，一方面，可以积极促进教育多元投资机制的开展，主动包揽一些投资项目，起到带动的作用；另一方面，作为社会职能部门可以对政策的执行情况进行监督，对政策执行过程中出现的问题加以梳理，使政策能够平稳地落地开展，最终促进了高职跨境电商人才的培养，充实行业的人才库，为跨境电商行业的发展进步提供了动力保障。

第四章　产教融合模式下跨境电商工作室制人才培养实践

第一节　工作室制人才培养模式的探索与实践

一、基于工作室的跨境电商人才培养模式的探索

（一）基于工作室的跨境电商人才培养解决的问题

基于产教融合，“院园合一”校企协同育人机制利用校企共建工作室，可有效解决跨境电商人才培养中的诸多问题。[①]

（二）教师实践教学水平的提高

校企跨境电商工作室以“院园合一”的校企协同育人机制为基础。工作室搭建平台，引企业入校，不仅为实践教学提供了平台，也为提高高职院校专职教师的专业水平、提高高职院校专职教师的实践教学能力提供了平台。随着跨境电商应用型人才培养的不断改革，高职院校的专职教师必须参与改革，这就要求高职院校的专职教师要不断提高专业实践能力，参与工作室的实际业务，并不断获得企业工作经验。在这个过程中，高职院校专职教师的实践教学能力不断提高。

（三）课程设置与实际岗位紧密结合

跨境电商工作室由企业和学校联合培训。将企业的真实跨境电商项目引入工作室后，

---

① 郭云瑶．基于“工作室”的高职院校技能型人才培养模式研究——以义乌市 G 职业技术学院为例［D］．浙江师范大学，2020．

需要企业和职业院校共同确定人才培养目标和课程内容，通过分析跨境电商行业主要岗位和模块化课程体系的构建，将跨境电商专业课程与专业岗位进行对接，整合国际贸易、物流、商务、信息技术等专业教学资源，构建具有竞争力的跨境平台课程体系。

二、基于工作室的跨境电商人才培养模式的实践

2019 年以来，很多高校依托国际商学院的实践，建立了“院园合一”校企协同育人长效机制，并取得了不俗的成果。在目前全国普遍开设跨境电商专业的情况下，国际商学院结合学校实际，国际经济与贸易、跨境电商、物流管理、市场营销、国际商务、互联网金融、商务英语、计算机科学与技术等本科专业相融合，形成了跨境电商专业群，借助校内外资源，产教融合、校企合作、工学结合，培养跨境电商人才。

高职院校应以产教结合、校企合作、工学结合的理念为指导，全面推进跨境电商工作室建设。工作室不仅是人才培养的基本单位和形式，尤其是实践教学，如课堂，也是产业经营和学生创新创业的基本形式。现在，依靠校企合作，高职院校已拥有针对跨境电商核心环节教学的仿真软件，拥有各类工作室、创业孵化基地于一体的校内跨境电商运营中心，拥有跨境电商直播工作室等多个校内生产性实训基地。

第二节　跨境电商专业人才培养瓶颈和工作室制实践路径

一、跨境电商专业人才培养瓶颈

通过对高职院校跨境电商相关专业的调查分析，发现高职院校虽然对跨境电商高度重视，但很少开设跨境电商专业，只有少数学校在跨境电商相关专业开设了跨境电商相关课程。目前，社会各界对于学生的实践能力要求较高，但是大多高职院校对教学目标的定位不准确，缺少对学生进行实践能力培养的目标。另外，大多高职院校对于实践的总体内涵了解不到位，导致在进行课程教学时效果不明显。

由于课程体系不合理，跨境电商从业人员难以满足企业的需求。在跨境电商专业的教学中，教师需要时刻关注对学生综合能力的培养，要求学生掌握实践应用能力，保证在学习中可以提高学生的自我价值。然而，在实际教学中，对学生的实践能力训练不足。进行实践培养时过于形式化，在整个过程中对学生缺乏严格的监督管理，导致学生在进行实践训练时缺乏目标，不重视实践。在跨境电商专业教学中，教师缺乏完整的教学方案，对学生整体的教学不足，导致学生学习积极性不高，对未来规划不了解，导致学生的自我发展得到了限制。

另外，高职院校在进行实践培养时，受到空间时间的限制，导致学生的整体发展不足，对学生综合素质的培养产生了影响。[①] 同时，高职院校缺乏专业的跨境电商实践环境，导致学生缺乏视觉图像处理、网店运营和推广的实践经验。此外，跨境电商技术和平台规则更新迅速，覆盖面广，目前各大高职院校当中使用的跨境电商教材普遍缺乏统一的教学大纲标准，核心知识点也是因校而异，教材也多种多样。适合高职教育的跨境电商教材和课程资源相对较少，这给高职教育的跨境电商教学带来了一些困难。

近年来，随着跨境电商产业的快速发展，关于跨境电商人才培养的研究文献逐渐增多。马霞在《“互联网＋”背景下应用型本科院校跨境电商人才培养模式研究》一文中指出，高职院校必须更新人才培养观念，以“互联网＋”理念引领人才培养工作，从高职院校的供给驱动转变为跨境电商企业的需求驱动，培养合格的跨境电商人才。[②] 戴明华、范晓男、郭芳的《校企合作跨境电商人才培养模式创新研究》指出，企业参与跨境外贸电商人才培养的方式、方法和双赢模式是解决问题的关键。[③] 范新民的《高等教育国际化与跨境电商人才培养：跨境融合视角》指出，要制定以企业为主体、以市场为导向、产学研结合的跨境一体化人才培养方案，要结合国家区域经济和学科发展的社会需求，培养应用型、技能型、复合型跨境电商人才，提高学生自主创业和就业的综合竞争力。[④] 基于工作室的跨境电商人才培养模式可以将高职教师、在校学生和跨境电商企业有机结合，将教学目标与岗位职责联系起来，将教学过程与岗位工作内容结合起来，统一课程考核和岗位考核，形成开放有效的人才培养模式。学生可以通过工作室的特定任务积极参与并解决问题。工作室对学生的培训不但是技能层面的，而且是全方位的。从科学精神到拼搏精神，再到团队精神，真正教会学生做人、做事、学习，实现全方位、全过程的人才培养。这无疑是一种有效的跨境电商应用型人才培养模式。

二、工作室制实践路径

跨境电商工作室需要依托一定的空间实体，其运营离不开科学的管理体系和良好的保障条件。这也与项目来源、团队建设、绩效评估等方面有关，要求工作室在一个相互关联、不可分割的平台系统中发挥作用。

（一）工作室项目来源

高职院校大学生创业孵化基地所设项目、“双师”共同承接的企业项目、社会化校企

---

① 甘宇．城市管理效能提升背景下跨境电商专业人才培养策略研究［J］．上海商业，2021（07）：154-155.

② 马霞．“互联网＋”背景下应用型本科院校跨境电商人才培养模式研究［J］．课程教育研究，2017（33）：38-39.

③ 戴明华，范晓男，郭芳．校企合作跨境电商人才培养模式创新研究［J］．物流科技，2018，41（04）：124-127.

④ 范新民．高等教育国际化与跨境外贸电商人才培养：跨界融合视角［J］．河北师范大学学报（教育科学版），2015，17（03）：101-107.

合作项目和校内学生自创项目等，构成了跨境电商工作室的主要项目来源。

1. 高职院校大学生创业孵化基地企业项目

高职院校大学生创业孵化基地吸引了大量与跨境相关的企业实体和创业团队入驻，呈现出良好的发展势头，大学生创业面临着创业经验不足、创业资金筹措、没有好的创业切入点、没有好的社会关系等一系列问题。高职院校有了大学生创业孵化基地，能为学生创业提供良好的办公场所等保障，解决一部分资金紧张的局面。同时，创业孵化基地为学生配备专业老师或相关专家进行指导，为学生的创业指明了方向，并能帮助学生做好风险控制，是学生坚强的后盾。

2. “双师”承接企业项目

企业导师具有丰富的跨境实战运营经验，承担过多个跨境电商代理运营项目。学校教师通过项目责任制承接电商项目，积极服务当地中小型企业，为其开展跨境电商业务提供营销推广、客户服务和人才培养等服务。通过校内外教师的共同努力，工作室还可以承接一些高质量的中小型企业项目。

3. 企业找到高职院校寻求合作

随着跨国贸易的不断发展和壮大，跨境电商人才供不应求，企业难以招聘到合适人才，一些企业提前来学校储备人才或开展校企合作。例如，看到高职院校平台发布的校企合作函，一些企业主动联系高职院校寻求合作，希望通过跨境平台拓展海外市场。

4. 有优势货源的在校生自主创业

校园里的学生如果拥有优越的商品供应，可以在工作室里创业。工作室可以评估项目的可行性，然后决定是否支持该项目。例如，在校大学生自愿进入工作室，成立跨境电商创业团队，该学生带来的家族企业产品就可以通过跨境电商工作室平台进行运营和推广。

（二）跨境电商工作室运营与管理

1. 工作室运营与管理

跨境电商工作室项目的整体运作由学校的指导老师协调，他们做出决策并管理团队。企业作为合作伙伴参与项目，并提供运营建议。企业入驻工作室或定期过来指导，从专业角度分析工作室在运营过程中遇到的各种问题，工作室在整个环境下真正开展创业运营活动，营造真实的工作氛围，促使学生承担社会角色，明确工作目标和任务，提高学生管理水平，提高工作室效率。

在工作室里，教师与学生一起学习和实践，解决了教师实践能力薄弱的问题。该工作室为学生提供了一个实际操作的平台。在参与企业门店运营过程中，学生可以学习实际操作内容，完成项目的具体任务或项目有收益时可以获得佣金，这大大提高了学生参与的积极性。企业根据实际需要，制定相关业务岗位技能考核标准，与学校教师一起对学生团队进行考核，并根据项目完成情况对整个团队的绩效进行考核。

2. 工作室的考评

指导老师每月至少开展一次商务沟通活动。在工作室运营期间，指导老师以工作室为单位，在工作周内按计划完成带领学生参与项目开发和创新活动，培养技术人才和创新成果等任务，产生了良好的教育效益、经济效益和社会效益。工作室教师每学期向创新创业教育学院汇报一次工作室的运营情况，并提交一份总结报告，展示工作室学生的项目成果。根据结果，相关专家共同对工作室进行评分评估，考核结果分为合格和不合格。

3. 学校政策支持

帮助公司进行实际项目是对学生知识和能力的最好测试。它不仅是一个学习的过程，也是一个逐步看到结果的过程，为学生未来创业提供知识积累和实践经验。学院根据拟定的项目对教师进行评估和考核，并根据评估结果给予教师课时补助。在工作室项目中表现良好的学生也可以根据学校规定申请学分置换。鼓励师生参与工作室项目，将有助于形成健康的竞争运行机制。

第三节　基于工作室的跨境电商人才培养探究

一、校企合作成立跨境电商业务工作室

目前，以长沙为例的跨境电商生态圈已经逐步形成，围绕着各大跨境电商平台产生了各类电商相关产业链，其服务业务需求量巨大，如跨境电商外包服务、平面设计服务、网络营销服务。长沙如今有上万家中小外贸经济企业，大量的需求为学校跨境电商实践工作室的创立和运行提供了有利条件。跨境电商工作室由学校和企业合作成立，企业积极参与到人才培养目标的制定当中来，校企共同制订人才培养方案。企业结合岗位工作实际需求，高职院校结合人才培养的实际目标，共同进行课程及其教学内容的设定。在跨境电商工作室运营中，工作室学员会在工作室教师的指导下学习产品拍摄、修图、定价、标题制作、运费模板设置、产品上传等完整的一系列流程运作，由工作室的企业讲师和高职教师共同完成教学任务及课程考核。同时，学生课余时间可以参与到工作室的运营中，通过亲身体验，进行真实的业务实操，促进自身发展，实现自主创业。

二、校企共建基于工作室平台的人才培养模式

高职院校以跨境电商工作室为基础，形成以岗位重要技能和工作实际过程为引导方向

的教学内容和教学过程，进一步改良课程体系与教学内容，设置适合跨境电商企业相关岗位需求的专业人才培养目标。学校将跨境电商企业工作任务作为教学任务，引入企业讲师参与课堂，形成校企协同育人模式。为学生引入来自企业的实践项目，培养实操能力，因此高职院校可以在跨境电商实训基地开辟多个跨境电商实践工作室，以供以工作室为主线的跨境电商学生团队开展输出项目。

三、基于工作室平台，建立以岗位技能为教学内容的课程体系

通过跨境电商业务实战工作室的建立，学校与企业作为人才培养的主体，可以发挥双方协调合作育人的资源优势。工作室作为一个优秀平台，学校借此机会可以吸引更多企业入驻校园，利用产教融合，与企业共同担负应用型跨境电商人才培养的任务。学校以社会需求为导向，通过行业、企业调研，结合区域经济发展，建设具体的跨境电商应用型人才培养项目，以人才培养目标为中心，通过对跨境电商生态圈岗位和工作任务的分析分解，形成以岗位技能为主要内容的课程体系，课程目标会根据市场因素的变化而调整。高职院校校企联合培养的跨境电商人才项目，可以嵌入商品图片拍摄与处理、跨境图文营销、跨境电商多平台运营等企业课程，第二学期至第五学期开设跨境电商入驻企业实训课程，并与学生入驻企业相匹配。在企业实训课程中，学生们以团队形式开展跨境电商实践或创业活动。

第四节　基于工作室的跨境电商人才培养评价体系研究

基于工作室的跨境电商人才培养过程，打破了常规的培养观念。学生既是学生又是员工，二者的界限非常模糊，因此，在对其进行评价的过程中，有必要突破原有评价体系的局限性。

一、多元化的评价方式，侧重应用型人才培养

在工作室制度下的人才培养的对象是学生，参与主体仍然是学校和教师，然而，学生和教师的身份发生了变化。在教师参与工作室运作的过程中，教师可以从多个角度对学生进行综合评价。因此，在人才培养评估过程中，有必要实施多元化的评估方法。我们可以从以下两个方面入手。

一是适当增加过程性考核的比重，突出对学生学习过程和应用过程的考核，强调学生应用水平的获得和提高。对一些专业课程，应将学生工作室的表现和成绩纳入过程性考核，并根据实际情况给予一定的权重比例，以实现考核内容的多样化。二是学生应该增加

相互评价的形式。工作室的运营主体仍然是学生。学生在工作室的工作时间和团队的磨合，在一定程度上影响他们的工作表现质量，进而影响他们的整体评价结果。增加学生互评，一方面可以更清晰地评价学生，另一方面可以提高学生的团队合作能力和综合素质。

二、双维度、多层次评价指标

应用型人才培养评价指标可分为两个维度：一是德、智、体、美、劳全面发展；二是体现高等教育的全面性和创新性，主要表现为高职院校学生毕业后具有全球视野，具有承担责任、探索创新和精英素养的能力，具体表现在通识教育、职业能力、实践能力、创新能力、承担责任等五个方面，这五个层次的矩阵贯穿整个课程。

具体评估指标应根据跨境电商和工作室的特点设定，以应用型人才培养为中心。通识教育可以包括基本理论、专业前沿、人际沟通和交往等；职业能力可以包括专业前沿、专业实践内容、职业综合素养等；实践能力可以包括专业理论应用能力、专业操作能力、团队协作能力等；创新能力可以包括创新意识、创新思维、终身学习能力等；责任担当可以包括职业担当、团队协作、社会责任感等。

三、加强动态性、过程性考核

人才培养的评价需要综合评价。人才培养设置了双维度、多层次的评价指标，仅靠单一的终端考核，难以实现有效的评价目标。此外，工作室的运行机制不同于课堂和企业，因此开展定期监控、加强过程性考核和实施动态性监控非常重要。在实现过程中，工作室可以通过拆分任务指标来实现动态过程监控。首先，可以将工作室的项目分解成与不同课程相对应的单元，每一个单元都是独立且紧密相连的。其次，将拆分的单元设立任务导向，推动学生在课程中和工作室完成任务，并对学生实施考核。最后，总结各单元的评价结果，并根据不同任务单元的特点给出不同的权重，实现对学生的动态的过程性评价。

四、引入第三方评价

在以工作室为基础的跨境电商人才培养体系中，教师和学生作为运营主体的内容不变，但运营项目发生了实质性变化，跨境电商工作室可以依托跨境电商平台载体，将其变为企业的真实项目。在实施评估的过程中，有必要评估学生作为“企业员工”的身份。一方面，将企业项目融入课程体系，明确归属的评价指标的内容，可以从企业的角度对学生进行评估，也可以在合作企业的帮助下，在项目结束或特定阶段完成时进行评估。另一方面，由于跨境电商行业的特点，其运营载体是跨境电商平台，可以根据不同跨境电商平台的运营规则和项目的运营效果，对个别学生或团队进行客观评价。

总之，工作室在培养跨境电商人才的过程中，应围绕应用型人才的培养目标，不断加强项目驱动和任务驱动，注重综合应用能力的多元化评价。因此，在评价过程中，需要建立双维度、多层次的评价指标，善于发现和关注学生综合能力提升的过程，通过引入第三方评价，鼓励学生以企业员工的标准来衡量自己，获得可持续发展，提升跨境电商人才的整体素质。

第五章　产教融合模式下高职跨境电商人才“双师型”队伍建设

第一节　高职院校“双师型”教师内涵界定及理论

一、基本概念界定

在对高职院校“双师型”教师专业发展的研究中，有必要对所涉及的核心概念进行详细阐述，明确高职院校“双师型”教师的概念、“双师型”教师的本质属性，这一概念的产生是对“双师型”教师专业发展的理解和分析的根本依据。

（一）高职院校的内涵界定

高职院校，是高等职业技术院校的简称，亦可简称为高职，是我国高等教育的重要组成部分。与普通高等院校不同，高职院校的目标是培养既有理论知识又有实践能力的面向生产一线的实践型、技术型、技能型人才。

1. 按学历层次划分

中国高等职业教育包括本科教育和专科教育。根据教育部相关规定，自20世纪末起，非师范、非医科、非公安专科层次的全日制普通高等学校应逐步规范校名后缀为“职业技术学院”或“职业院校”，师范、医疗、公安类专科层次的全日制普通高等学校应规范校名，后缀为“高等专科学校”。因此，“职业技术学院”或“职业学院”是高职院校的特有后缀。

2. 按管理体制划分

中国有公立和私立两种职业学院。一般来说，它们可以分为三类：第一类是高等本科院校举办的职业技术学院；第二类是由原来的中等职业学校升级或几所中等职业学校合并而成的职业技术学院；第三类是政府或社会在原有的成人教育学院的基础上创办职业技术学院。各类高职院校有两年制、三年制、四年制和五年制。办学形式分为学历性与非学历性。[①] 如柳州职业技术学院是由多所中等职业学校合并而成的独立公立职业学院。

（二）“双师型”教师内涵界定

1.“双师型”教师的基本概念

结合前面对“双师型”教师概念解读的研究综述，本书认为相对于传统教师而言，“双师型”教师在教师固有的知识基础、个人能力和综合素质等方面均有所差异。“双师型”教师是具有专业技术资格证书及相应的专业资格证书的有机复合型专业人才和企业关键技术人员。具有相应的课程教学经验和实践教学经验，具有扎实的专业理论知识和较强的专业操作实践技能。“双师型”教师基本概念的提出和界定，是促进职业教师终身学习和全面发展的专业理念，是指导理论型教师和实践型教师不断成长和自我完善的良好目标。

2.“双师型”教师的基本要求

教育部于2004年印发的《关于全面开展高职高专院校人才培养工作水平评估的通知》和2008年印发的《高等职业院校人才培养工作评估方案》，建议高职院校“双师型”教师应具备以下基本要求：（1）具有良好的政治思想素质和文化修养，通晓职业教育教学基本理论，遵守高职教师职业道德。（2）具有高校教师职业资格和高校教师系列（含实验系列）中级（或以上）专业技术职务，从事专业课程教学1年以上，并独立承担过本专业或类似专业1年（或以上）或一门（或以上）实践培训课程的专业培训教学任务。掌握本专业的基础理论和专业知识，了解相关学科的专业知识，具有良好的专业教学能力和专业水平。（3）具有本专业或相近专业的非师范系列初级（及以上）职称，或具有本专业初级（及以上）“双师”教师职业资格证书（包括持有专业资格证书者）并具有职业资格或职业技能评价资格。具有一定的企业一线专业实践经验（时间和具体要求根据“双师”的不同等级评定），具有扎实的专业实践能力和较强的技术服务和技术应用能力，能指导学生进行专业实践和技能培训活动。（4）主办（或主要参加或指导学生）各类教学技能竞赛或专业技能竞赛并获奖；或主持（或主要参与）本专业或相关专业的应用技术开发研究项目，成果已被企业使用，反馈效益好；或负责（或主要参与）校园实践教学设施建设的设计安装或技术水平的提高，使用效果好；或取得与该专业相关的产品发明专利；或获得行业企业认定或市政府及以上政府授予的专业相关荣誉称号，能体现教师扎实的教学能力和专业技术水平。

---

① 陈璐瑶．天津市民办高职院校“双师型”教师队伍建设研究［D］．天津职业技术师范大学，2021．

特别是，广西壮族自治区教育厅在学习教育部指导文件的基础上，创新性地提出了“双师型教师分类分级制度”，即广西高职院校“双师型”教师的认定应按照专任教师和校外兼职教师两种类型进行。并根据不同条件，设置三个不同级别的“双师型”教师认证标准，每个级别的“双师型”教师对应不同的必要条件、扩展条件和例外条件。笔者对“双师制”持肯定态度，并据此总结了上述四个基本属性和基本要求。

二、“双师型”教师专业发展的相关理论

高职院校“双师型”教师专业发展与相关政策的指导、制度的建立和个人的发展密不可分。围绕这些方面，教师专业发展理论、人力资源管理理论、需求层次理论、人的全面发展理论为教师发展的制度建设和激励提供了理论支持。

（一）教师专业发展相关理论

从20世纪80年代起至今，“教师专业发展”概念逐渐产生并成为业内讨论的重点，在这期间随着自身的发展以及学者的研究逐渐形成了很多系统的理论知识并具备了一定的实践成果。“教师专业发展是指教师的信念、知识和能力、情感和自我等内部专业结构不断更新、演变和丰富的过程。”这一理论对教师的职业生涯进行了一系列规划，期望教师在专业发展的过程中依托社会、学校和企业等形成的良好氛围，不断更新自己的专业知识，充实自己的知识储备，使自己的理论知识结构不断得以调整优化，为了促进专业水平的逐步成熟和专业发展，提高教学效果，需要一个动态的、持续的终身学习发展过程，以提高各个专业的学习效率。在这个过程中，一切活动都围绕教师专业素质的发展与进步而展开并贯穿教师职业生涯的始终，而且在职业生涯的不同时期，其具体内容也会有不同的调整，这就需要教师有重点、有针对性地对个人的专业素质发展进行规划设计。教师专业发展的具体内容包括树立专业理想、拓展专业知识、发展专业能力和形成专业自我，这一理论是高职院校“双师型”教师专业发展的理论基础。

现如今，我国经济发展有条不紊，高等教育也体现出良好的发展势头，加之对教师专业化研究的不断深入，可以说，高职院校的教师专业发展被社会和国家寄予了厚望，期望能在原来的基础上继续革新，促进教师专业发展的深入研究，促进教育界整体水平的提高。高职教师作为人才的培育者，既要拥有丰富的专业知识和完备的专业技能，还应当努力成为一名品德高尚、富有理想、对专业有所追求的人，不断践行终身学习的理念，维持自我知识更新的状态，在整个职业发展规划过程中，从踏入教育领域的新人开始，坚持追求自我、突破自我，力争成为领域内的佼佼者，以期实现自身的社会价值。高职院校“双师型”教师追求个体教师的专业发展、要求，以及整个教育在其教学生涯、自我专业发展的内在动力和外部环境条件（包括校企合作、进修培训和教师绩效评价等）的指导和激励

下，以专业和个人成长为导向，以专业成熟为目标，主要内容是理论知识和实践操作技能等专业素质、专业情感和专业精神的提高。

（二）人力资源管理理论

潘婧璇提到，在一定时期内，所谓人力资源，就是一个组织中的每个个体对企业来说有用的，能为企业创造价值，可为企业所付出的教育、能力、体力、经验、技能等的总称，它是社会生产最为基础的内容，“人力资源管理”是指在经济学与人本思想的指导下，为了满足组织当前及未来发展的需要，从而运用现代化的科学手段进行的一系列合理的招聘、选拔、培训、组织、调配、报酬等管理活动，以实现对组织内外相关人力资源进行最大化有效运用。[①] 除了要注意保持组织内部人力和物力的分配达到最佳平衡，同时也要注意对人员的思想、心理和行为等进行恰当的引导、调节和控制，充分发挥人员的主观能动性，最终求得组织目标和成员发展的最大化实现。学术界一般把人力资源管理分为几大模块，即：人力资源规划、岗位分析与设计、招聘选拔与配置、培训与开发、绩效考评管理、薪酬福利管理、员工激励管理、职业生涯规划、劳动关系管理。这些模块基本涵盖了人力资源管理的主要内容，是结合组织与个人需要而进行的有效开发，以便实现最优的组织绩效。

在高职院校人力资源的结构中，“双师型”教师作为非常重要的一部分，且随着政策的激励和高职院校的发展，“双师型”教师在教师群体中的比例还会增加，因此，“双师型”教师的培育转化工作理应得到相关部门的重视，这对高等教育的发展和学生素质的提高具有非常重要的意义。“双师型”教师一方面可以直接提升学校的教学质量，促进教育的可持续发展，另一方面还能够为社会各界输出更高质量、更高水平的人力资源，促进人力资源工作的持续展开，间接保障了社会发展的稳定。高职院校“双师型”教师人力资源管理，主要包括“双师型”教师的规划与管理、“双师型”教师的选聘管理、“双师型”教师队伍建设、“双师型”文化培训、“双师型”绩效考核管理、“双师型”的收入分配管理、“双师型”的职业生涯规划管理等，通过以人为本的理念，通过科学规划、制度建设和创新的管理机制，为“双师型”教师在学校的教学、科研、生活等各个方面营造良好的成长环境，最大限度地调动教师的积极性，引导实施“双师型”教师的专业发展，使更多的教师成为“双师型”教师。因此，人力资源管理理论是高职院校“双师型”教师专业发展的重要外部动力。

（三）需要层次理论

每一位教师，每一位“双师型”教师，作为人类社会的“人”，都有内在的动机，需

---

① 潘婧璇．高职院校“双师型”教师专业发展策略研究［D］．广西师范大学，2019.

要为自己开发更多的可能性。社会的可持续发展也离不开基于个体内在动机的每个个体的发展。人类需求发展理论的典型例子是美国心理学家马斯洛于1968年提出的“需求层次理论”。

马斯洛认为，人的需求是一个从低级到高级的渐进过程。最底层是生理需求和安全需求，然后发展到爱和归属的社会需求，再发展到尊重的需求，直到最终追求自我实现。其中，生理需求、安全需求和社会需求属于人们低层次的基本需求。只有满足了底层需求，才能追求尊重需求和自我实现需求这两个高层需求，这是无法跨越的。可见，人的动力会随着个人的努力和发展而发展和进步，也会随着条件的变化而发展和变化。

当然，高职院校的老师的需求不是从一而终的，在不同的阶段也有不同的表现。对于入职不久的老师，首先期望能够满足个人的生活和工作的需求，在此基础上，随着阅历的提升和环境的变化，便期望能有更深层次的发展，即萌生了尊重需要，甚至是自我实现的需要，这是一个循序渐进的过程，是在前一阶段的需求得到满足的情况下，释放出更内在的需求。本书认为，全世界都是发展变化着的，人们在社会发展的历程中不可能停滞不前，所以每个人都在探索、挖掘个人更多的潜能，创造出更多的可能，而马斯洛的需求层次理论直接体现出把这些不可能变成可能的过程，最终激发出人们内在的自我实现需要，成就更好的自己，创造出更大的价值。马斯洛提出：“人有一种内在的或先天的趋向自我实现的成长倾向。”人们对自我表达和完成的渴望是一种使自己的潜能得以实现的倾向。因此，实现自我、开发自我、完善自我的过程，就是教师强化个人的能力、深挖内在潜力的过程，通过这样的方式，使自己不断以全新的状态追求更高层次的进步，最终实现个人的全面发展，体现出个人的社会价值，从而达到理想的目标。教师自我实现的内在需求不断激发着个人的潜力，使其迸发出巨大的能量。在实践过程中总结教学经验并完成知识的积累，以持续的自省、总结、学习、进步等方式，逐步实现个人专业发展从外在需求向内在自我实现需求的转变。在自我发展与进步的过程中，体现出个人的主观能动性，也体现出人自发地进行社会化的大体过程。国家、社会和学校应当扮演好自己的角色，激发教师的内在需求，完善现有的管理制度，创新激励机制，促使教师对自我需求的挖掘，对个人能力提出更高的要求，帮助他们实现人生价值。所以说，马斯洛的需求层次理论为高职院校“双师型”教师的专业发展提供了不竭的动力源泉。

（四）人的全面发展理论

潘婧璇提到，人的全面发展理论中人的发展和教育问题是教育研究的基本问题。人的发展包括了人的基本发展、个性发展和全面发展，这三者缺一不可。[①] 人的基本发展是人的现实发展，人的个性发展是人的发展的核心，而人的全面发展则是人的发展的高级阶

① 潘婧璇. 高职院校“双师型”教师专业发展策略研究［D］. 广西师范大学，2019.

段。从西方教育史来看，古希腊教育家亚里士多德最早提出人的发展思想。他提出，人的发展是一个由身体、情感到理性发展的过程，而人的全面发展思想是由19世纪马克思针对资本主义生产内部的旧式分工所造成的人的片面发展问题而提出的伟大思想，是马克思主义教育思想的重要组成部分，对指导社会主义初级阶段的教育事业具有划时代的意义。马克思提出的“任何人的职责、使命、任务就是全面地发展自己的一切能力”便是在批判资本主义社会畸形的片面发展时阐明的人的全面发展的内涵。该理论的基本内涵包括人的个体素质、劳动能力、特长潜能，符合社会各方面的要求，适应自身的身心力量，充分挖掘自己的特长潜力，充分满足自己的意识和愿望。这是人类发展的高级阶段。它包括物质和精神的全面性，其核心是人的能力的全面发展。全面发展的人应将集体发展和个人发展的优势和丰富性充分融入自身，个人应通过自身的全面发展促进社会全体人员的全面发展。通过学科实践活动提高自身素质和能力，是促进人的全面发展的切实步骤。但需要注意的是，不能单方面把人的全面发展理解为人的共同发展，人的全面发展与人的人格发展不存在冲突。全面发展是人格发展的基础，人格发展是人追求全面发展的动力。现阶段，要坚持人的基本发展和人格发展，为人的全面发展创造更多有利条件。

1. 人的素质的全面发展

人的素质的全面发展是指人的最基本的素质必须得到充分发展，包括人的身体素质、心理素质、思想道德素质、科学文化素质、劳动实践素质等。各个方面的发展程度可以是不同的，但却是不可或缺的，否则将是不完整的、片面的发展。促进人的素质的全面发展是人最终实现全面发展的基础。

2. 人的能力的全面发展

马克思提出：“任何人的职责、使命、任务就是全面地发展自己的一切能力。”从这句话可以看出，人的能力的全面发展是人全面发展的核心。人的能力是人的本质力量，包括由人的智力、体力、潜能、社会能力、劳动能力、生产能力、审美能力等构成的能力体系。在主客观条件范围内，人应尽可能协调各种素质和能力的全面发展，避免单一发展。

3. 人的个性的全面发展

“个性”是一个人区别于他人的独特本质特征。它是基于自身和社会发展需要，在全面发展的基础上，对各种影响因素进行理性思考和评价的结果。只有当一个人的能力发展达到一定程度的全面性，才能提供“自由人格”的选择和发展。同时，如果想持续形成自己独特的个性和不断发展，必须不断提高，更全面地提高自己各方面的素质。因此，个性的自由发展也是人们追求全面发展的不竭动力。全面发展的人不是“全部平庸”的人，而是具有不同个性的人，共同促进整个社会的全面发展。

4. 人的社会关系的全面发展

每个人都是“社会人”，本质上是所有社会关系的总和，会在一定的社会关系中生存和发展。人的存在受到社会关系的制约。同时，社交环境和社会环境为人的能力和素质的发展提供了土壤，人类的发展现实地反映在具体社会关系的改革中。

扈中平教授在深刻理解人的全面发展理论的基础上，认为“全面发展”应包含四个内涵：人的全面发展、和谐发展、多元发展和自由发展。人的素质、能力、个性、社会关系等诸多方面的全面发展是有机统一的。人之所以为人，是因为他能够根据一定的需要相互区分，在不同的社会关系和社会实践中提高自身的素质和能力，形成独特的个性。值得注意的是，全面发展的所谓“全面”，是一个相对“片面”的概念，不是完全绝对的，他不是一个人可以独立做所有事情的技术全面性，而是指个人自主、自由、多方面、不受阻碍地发展他的全部能力。他可以把自己的各种能力和素质有机地结合起来，统一运用到生产和劳动过程中，而不会被强行固化，长期依附于某一职业或作业。他具有根据不同需求改变劳动力流动的素质能力和学习能力。

因此，人的全面发展是人的发展过程中的主要体现，也是当前社会和教育为之奋斗的高级目标。然而，人的全面发展并不遥远，它出现在每一个时代，甚至每一个人的生活里。根据个体年龄段的差异和不同的特点，对全面发展可以有多方面的理解，但不论从哪个方向出发，最终都会相交于一点，即达到自己完美的状态，不断提高自己、完善自己，在生命的长河中实现自己的理想价值。因此，在我国高职院校“双师型”教师队伍的建设中，人的全面发展理论极具理论参考价值。

第二节　高职跨境电商“双师型”教师专业发展的状况分析

一、我国跨境电商的发展分析

跨境电商是指通过跨境物流配送货物和完成交易的国际贸易活动，是指属于不同国家或地区的交易主体通过跨境电商平台进行交易和结算。近年来，随着互联网技术的快速发展，跨境电商呈现出快速发展的趋势。跨境电商突破了传统贸易活动中交易双方的商品、时间和空间限制，实现了商业、物流和信息的高度统一流动。与传统的对外贸易活动相比，跨境电商具有网络化、透明化和数字化的特点。它具有面向全球、信息传递方便、流通速度快、成本低等优点。近年来，跨境电商逐渐成为中国对外经济发展的新的增长点。跨境电商的快速发展引发了对跨境电商专业人才的巨大需求。然而，目前高职院校的人才培养模式和专业设置不能满足跨境电商行业对人才的强烈需求。

（一）我国跨境电商的发展现状

党的十八大以来，在党中央、国务院的坚强领导下，贸易高质量发展取得了历史性成就，为国民经济发展和世界经济复苏发挥了重要作用。李学斌、许金波指出，近年来，我国跨境电商交易量保持快速增长势头。[①] 根据中国跨境电商研究中心的数据，2013 年中国跨境电商进出口额接近 3.2 万亿元，同比增长 31.3%，自 2016 年以来，全球 B2C 跨境出口电商交易额保持高速增长，在 2021 年达到 8.4 万亿元人民币，全球 B2C 跨境出口卖家数量达到约 280 万个。跨境电商作为一个新兴产业，受到企业的青睐。据商务部不完全统计，已有 630 万余家外贸企业和 3.39 万余家跨境电商平台企业通过阿里巴巴、天猫国际、亚马逊等平台在中国开展跨境电商业务。

随着跨境电商产业的快速发展，跨境电商人才难求现象也越来越突出，市场对跨境电商从业者的需求量不断飙升。虽然现在高职院校跨境电商专业、商务英语专业、国际贸易专业和物流管理等相关专业的毕业生比较多，但是，随着产品销售和市场多元化，跨境电商企业对电商人才需求的认识不断提高，单一的专业已经无法满足企业对人才的需求。

（二）跨境电商人才需求分析

随着当前互联网的蓬勃发展，"互联网+"作为经济新常态，使电商与其他相关行业的关系越来越密切。因此，社会对于跨境电商的人才需求也会从单一人才向跨专业复合型人才转变，这是必然的趋势。企业要求学生不仅要懂得跨境电商、国际贸易、国际物流、市场营销、电商法律等专业方面的知识，还期望学生具备一定的职业能力、创新能力以及较高的职业素养，是各方面全面发展的人才。

跨境电商与产业的融合将越来越紧密，在当今"互联网+"经济新常态的背景之下，跨学科的跨境电商人才将成为一个热门的社会需求。企业不仅需要学生了解国际贸易、跨境电商、营销、物流、金融、法律等广度的专业知识，还需要学生具备相应的专业能力、综合职业素质和创新能力。

根据对跨境电商业务单位的调查，目前企业对跨境电商人才的需求包括业务、营销、管理、运营、技术、规划等方面的多样化的需求。《中国跨境电商人才研究报告》显示，企业倾向于选择更多的跨境电商人才专业，包括国际贸易、跨境电商、外语、国际商务和物流等专业。中国跨境电商行业的就业需求如下：管理岗位占 16%，技术岗位占 23%，商务岗位占 61%。所以总的说来，跨境电商行业是一个劳动密集型产业，需要大量的懂得实操的劳动力进行支撑。针对此现象，高职院校应当调整人才培养的结构，利用自身现有的条件进行资源整合，通过校企合作的形式，了解并满足企业的真实岗位需求，为企业的发展注入活力。

---

① 李学斌，许金波. 基于跨境电商岗位群分析的高职跨境电商人才培养对策探索 [J]. 产业与科技论坛，2017，16 (09)：182-184.

（三）跨境电商主要岗位群分析

跨境电商专业是融计算机科学、市场营销学、国际贸易、心理学、外语、管理学、经济学和现代物流于一体的新型交叉学科。主要学习的课程有跨境电商实务、跨境电商运营推广、跨境新媒体营销、跨境电商英语、进出口实务、跨境客户服务与管理等核心专业课程，以及跨境电商基础、市场营销、管理学、综合英语等专业基础课。在跨境电商的运营过程中，跨境电商业务的完成需要平台运营、数据分析、售后服务、仓储配送、国际物流、快递物流等环节的配合。故学生毕业后可从事跨境电商运营与推广、跨境电商客户管理、进出口贸易、数据分析等岗位工作。对各个主要岗位及能力要求的具体分析见下表。

跨境电商主要岗位及能力要求表

主要岗位类别	岗位名称	能力要求
跨境电商运营类	跨境电商平台推广员	能根据市场情况制订有针对性的营销方案，进行平台宣传推广，策划相关活动。
	跨境电商平台操作员	熟悉跨境电商平台及相关软件操作，具有平面设计能力。
	美工	精通美工软件 ps、dw、ai、flash 等；具有良好的网页及平面设计能力、丰富的网站制作经验；熟悉界面设计的流程方法，具有优秀的创新与沟通协调能力；工作态度端正、耐心。
	跨境电商客服	熟悉销售的工作流程，能熟练使用 office 办公软件，快速、及时处理客户投诉、退换货等，为客户提供准确信息和方案，具有客户服务技巧。
跨境电商营销类	跨境电商营销员	具有跨境电商网络营销的知识与技巧，能运用多种网络推广手段来提高网站访问量及传播效果，能利用平台进行产品销售，拓展客户，开拓跨境市场。
	跨境外销员	掌握所经营的商品知识和国际市场行情，懂得利用网络推销产品，具有组织、协调和沟通能力，具有较强的语言表达能力和应变能力。
	外贸单证员	掌握外贸单证操作流程，对进出口相关单证进行准确缮制、审核及管理。
	外贸跟单员	掌握国际贸易的基本业务流程，跟踪产品及服务运作流向，督促订单落实，对准客户实施推销跟进。

续表

主要岗位类别	岗位名称	能力要求
跨境电商数据分析类	数据分析专员	能编报各类统计数据分析报表，整合汇总、综合分析、规范整理各相关部门报表数据库，懂得依据不同的需求安排海运、空运、快递，最大限度上保障不空仓和控制物流成本；根据信息反馈，提供畅销款、滞销款报表分析或库存整改建议分析报告；协助财务处理完成相关任务，配合其他部门工作。
跨境电商物流类	报关员	正确进行进出口商品的报关、各种单证的审核和缮制，具备一定的沟通及处理问题的能力。
	跨境电商调度员	具备熟练的办公软件操作能力、车辆调度能力、沟通能力及应变能力。
	跨境电商物流操作员	熟悉业务流程，熟练使用相关软件进行订单处理、仓储管理及相关业务操作，做好信息传递和沟通反馈。
	快递员	掌握快递服务标准，准确执行业务操作流程，安全、准时送达物品，能及时处理客户收件异常等问题。

（四）高职跨境电商人才培养的措施与建议

高职院校主要是为社会和企业培养技能型或者应用型的人才，以满足社会发展的需要。因此，高职院校是跨境电商人才培养的主要机构，担负着重要的使命。在培养人才的过程中，应当充分考虑跨境电商人才的具体行业特征，根据学校现实的情况设置满足产业、行业、企业岗位需求的专业课程，更新、优化人才培养的体系结构，使学生能够与社会实现有效的对接，提高跨境电商人才培养的效率，真正做到“按需培养”。

1. 组建跨部门、跨专业的跨境电商人才培养教学团队

目前，企业对复合型跨境电商人才的需求比例高达65%，单一专业培养的人才已不能满足企业的需求。复合型跨境电商商户是指掌握国际贸易、跨境电商、物流、外语等知识，熟悉电商平台操作规则，熟悉跨境电商物流运作，准确执行业务操作流程，具有较强的组织、协调和沟通能力，具有一定的技能和实践训练技巧，具有解决问题的能力的商户。因此，高职院校应整合跨境电商、国际贸易、商务英语、物流管理、国际商务等与跨境电商人才培养相关的优秀教学资源，引进大量外贸跨境电商实践经验，由跨境电商及相关企业的跨境电商兼职教师组成跨部门、跨专业的跨境电商人才培养教学团队。不同专业的教师分别负责自己擅长的专业模块的教学，充分发挥各自的专业优势，对各自专业的相关模块进行深入研究，相互配合，以达到更好的教学效果。高职院校应不定期聘请知名跨境电商企业的业务专家、运营主管、项目经理等定期开展跨境电商师资培训，及时掌握跨境电商行业发展的最新理念、最新技术和发展趋势，使培训的学生能够快速适应企业的工

作要求。

2. 改革人才培养模式，双主体共育跨境电商人才

根据商务部报告可知，这几年借助于跨境电商行业良好的营商环境，在跨境电商平台上注册的经营主体大幅增加，其中，中小型企业和个体商户所占比重创新高，已突破90%。不难看出，中小型企业为高职院校毕业生提供了众多就业岗位，成为跨境电商人才培养的土壤。在此基础上，高职院校应当在校企合作过程中，积极主动地对跨境电商行业的发展情况和人才需求情况进行实地调研，根据调研结果优化现有的人才培养模式，设立基于现实的跨境电商的人才培养目标并做出实施方案，既注重对人才的职业能力进行培养，还要牢记提高人才的岗位适应能力的使命，以期培养出三种职业技能兼备的跨境电商人才。三种职业技能主要表现为以下几点：首先，要使学生掌握基本的相关业务技能，借助学生在校期间的理论知识和丰富的实训经验，使其能够熟练地进行实务操作，以满足企业大量的基层岗位需求，并为中层岗位提供人才支持；其次，要着重培养学生的专业技能和相关业务技能，促进学生知识的升华与能力的提高，使学生能够满足企业中层相关岗位的需求，并为更高层次的岗位提供人才支持；最后，高职院校应当注重学生的可持续发展，从专业技术和职业素养等方面促进学生的全面发展。因此，技能型跨境电商人才的培养，一定要在满足企业用人需求的前提下进行，通过产教融合、校企合作等形式，形成校企双方共同培养人才的模式。如订单培养、现代学徒制、引企入校等形式多样的校企合作人才培养模式，校企通过共同制订人才培养方案、共同组建教师团队、共同开发课程标准、共同建设实训基地、共同建设课程资源、共同促进就业等办法来推动专业建设。

3. 完善课程体系，突出职业能力培养

通过对跨境电商工作群体的分析，可以发现跨境电商的专业能力包括电商平台运营能力、营销能力、网店管理能力、信息收集与编辑能力、沟通与合作能力等，复合型跨境电商人才所需的专业能力和素质涵盖跨境电商、市场营销、外语、国际贸易、物流、企业管理等多个专业。因此，高职院校应建立科学合理的课程体系，根据岗位的职业技能要求设置课程模块和教学环节，全面培养核心技能。结合跨境电商产业发展的需要，建立跨境电商平台基础课程、专业课程、专业课程实训和实践操作的课程体系，突出跨境电商平台的应用性、实用性和可操作性。针对跨境电商的业务流程和运营模式，开设跨境电商平台运营实践、跨境电商美工操作、跨境电商网络营销、跨境电商客户服务、跨境电商物流服务、跨境电商外语等核心课程。培养知识面广、业务能力强、平台操作熟练、符合跨境电商岗位要求的复合型人才。

4. 改变教学模式，实现教学课程与实操无缝对接

要培养学生的复合型岗位技能，使其具备跨境电商企业所需的专业能力，就必须改革传统的教学模式，以模拟或真实的项目教学为主，将教学过程与跨境电商项目的运作过程

进行无缝衔接。例如，利用全球速卖通、天猫国际等跨境电商平台进行实践教学，还原真实的工作场景。在布置实践任务前，教师要求学生对跨境电商的背景以及前期的需求进行分析，让学生通过小组合作的方式对市场发展进行分析，让学生在合作过程中掌握专业知识，同时加深学生之间的交流，培养学生的综合能力。在前期准备工作后，让学生分工进行网站策划和推广。教师带领学生团队开展店铺实际运营，同时开展产品分析和店铺营销，分析行业动态和市场的发展趋势，让学生在实际操作中发现问题、分析问题、解决问题，总结经验，在实际操作过程中培养和提升学生的职业技能。在整个教学过程中，让学生保持职业素养，让学生在模拟实践中遵守行业规定，提高学生的思想道德修养。①

跨境电商是一种新型的对外贸易方式，具有非常广阔的市场空间和良好的发展前景，而复合型跨境电商人才必将成为社会需求的热点。这给高职院校跨境电商人才的培养带来了巨大的机遇和挑战。高职院校应与时俱进，进一步探索和完善跨境电商人才培养模式，通过整合相关专业教学资源和社会资源，将学生职业能力的培养与岗位适应性的培养全面结合，培养更多高素质的跨境电商人才，以满足社会和企业的需求。

二、高职院校“双师型”教师专业发展探究

在我国高等教育发展过程中，高职院校作为培养人才的主体机构一直扮演着相当重要的角色。高职教育的发展进步加快了社会经济发展的步伐，为我国经济建设贡献了自己的力量。高职院校教师队伍不断扩充，且以“双师型”教师的发展为趋势，鼓励教师在传统的满足高职教师条件的基础上，努力成长为专业技术人员，成为知识与技能兼备的现代化教师。从 20 世纪 80 年代开始，对于教师专业化的研究，不再强调集体化，而是朝着个体化的方向发展，高职院校也在这样的潮流中做出相应的改变，将建设“双师型”教师专业队伍的目标加以调整，最终落实到“双师型”教师个体的专业发展上，重点突出“双师型”教师的专业知识和专业素养。从国家、高职院校、个人三个方面，从宏观到微观来论述高职院校“双师型”教师的专业化建设。

（一）高职院校“双师型”教师发展现状

高职院校作为高等教育的重要组成部分，具有一定的特殊性，重点是培养能适应社会发展的实用型人才。这就要求高职院校“双师型”教师必须具有较高的专业素养，只有这样才能彰显高职院校的办学特点。但是当前，我国高职院校“双师型”教师的专业发展遇到了一些问题，存在很多不足。

1.“双师型”教师概念界定模糊

目前，教育部和学术界关于高职院校“双师型”教师概念的界定缺少一个明确的标

---

① 甘宇. 城市管理效能提升背景下跨境电商专业人才培养策略研究［J］. 上海商业，2021（07）：154-155.

准，对于“双师型”教师的概念可谓是见解各异，没有一个统一规范的标准可循，这直接影响到高职院校教师选聘及“双师型”教师认定等一系列工作的开展。

2．“双师型”教师的专业标准与国际水平差距较大

国外高职院校对“双师型”教师要求较高，具有完善的专业建设体系。例如德国高职院校要求从事职业教育的专职教师必须获得博士学位，同时要求有五年的企业实践的经历；而澳大利亚还制定了明确的专业培训体系。但是我们基于国情不同，对于此类工作的推进力度不大，存在明显的短板。

3．“双师型”教师社会地位不高

在我国，社会普遍歧视高职院校，导致高职院校教师的积极性较低。如果说高职院校“双师型”教师的专业发展是一个由内而外的过程，那么“双师型”教师社会地位低下是阻碍教师内部发展的重要因素。与此同时，高职院校的招生规模逐年下降，这也影响了国家对高职院校的财政支持和教师待遇的提高。“双师型”教师没有从心理和物质两个方面获得激励和鼓励，这影响了他们的工作态度，阻碍了个人的专业发展。

（二）高职院校“双师型”教师专业发展建议

1．教育部制定“双师型”教师资格认定的相关规定

（1）对“双师型”教师的含义制定统一规范的标准

任何事物的定义都需要有明确概念的支持。“双师型”教师的专业发展受到了“双师型”教师含义的模糊性的严重阻碍。国家教育部门要明确“双师型”教师的实际素质要求，制定“双师型”教师的概念标准，从源头上明确“双师型”教师的概念，为“双师型”教师的选拔任用提供概念标准，制定高职院校“双师型”教师专业评估与培训体系。

（2）建立专业的“双师型”教师资格制度

我国教师职业实行教师资格制度，但高职院校尚无专门针对“双师型”教师的资格制度。“双师型”教师资格标准仍然遵循普通高校的教师资格要求，不能满足“双师型”教师资格标准考核的需要，这严重影响了我国高职院校教育教学质量的提高，成为高职院校教学质量低下的隐患。为了保证高职院校“双师型”教师专业素质目标的实现，制定“双师型”教师资格制度势在必行。教育部门应根据“双师型”教师的特点和实践要求，从实践和理论上规范教师资格标准。

（3）加强高职院校“双师型”教师的专业培训

为了促进整个高职院校教师队伍的发展，需要系统地构建“双师型”教师培训体系，其目的是提高教师专业发展的意识和质量。高职院校“双师型”教师培训体系的完善和发展应从以下两个方面入手。

第一，职前培训。“双师型”教师需要高水平的理论知识和丰富的实践经验。然而，有许多“双师型”教师是来自社会行业第一线的专业技术人员，他们缺乏标准化的教学培训。因此，学校应该为这些教师提供教师培训。此外，有许多教师毕业后直接在高职院校任教，缺乏相关专业的实践经验。对于此类教师，职业院校应提供实践技能培训，培训地点应选择在工厂和其他行业。第二，入职后的培训。实践培训与理论讲座相结合，校企参观与工厂实践相结合。定期组织教师开展实践竞赛，听取相关专业优秀的技术人员的实践经验汇报，到工厂与熟练工人和专家交流实践经验，了解专业实践的前沿信息。最后是职后培训，应鼓励教师在业余时间完成专业发展培训，学校应提供一定的财政支持。

2. 校企合作推进“双师合作教育”

校企合作是“双师型”教师专业发展的重要途径。学校为教师和企业搭建实践培训平台。“双师合作教育”是指高职院校的“双师型”教师和企业的工程师。过去，“双师型”教师的专业实践发展只是将“双师型”教师送到企业进行临时培训。在新型校企合作的建设过程中，强调了以资源共享为目的的“双师合作教育”目标。一方面，“双师型”教师到企业与工程师、工人进行零距离沟通与合作，实现真正的实践技能培训，还可以节省企业聘请专家的时间。另一方面，学校聘请企业专业工程师指导学校的实践教学。在指导和培训过程中，将最前沿的行业信息介绍给学生和教师，深入实际工作需要，解决了实用型教师短缺的问题。同时校企合作，实现“双师合作教育”，有利于高职院校发展，有利于制定教学计划、专业建设、课程建设、实践教学、毕业实习、成绩评定等质量标准，能充分发挥各自优势，共同实施教学，共同培养学生的职业能力。

高职院校应加强“双师型”教师的管理。高职院校“双师型”教师的发展不仅依赖于教师的自我管理，更需要学校管理的帮助。高职院校在管理“双师型”教师的过程中，要有明确的目标和计划。根据“双师型”教师的特点，对“双师型”教师进行分类、分级管理。首先，分级管理主要针对不同成熟度的“双师型”教师。高职院校应根据“双师型”教师的不同，采取不同的管理方式。对于不太成熟的“双师型”教师，尤其是自我意识差的教师应及时进行制度约束，采取奖惩的方式。其次，分类管理主要针对不同类型的教师的工作。有的“双师型”教师适合从事管理工作，有的“双师型”教师适合从事实践教学、科研工作，有的擅长高职院校教学工作，应根据不同类型教师的特点和优势安排自己的工作，使教师发挥优势，使教师成为“人”，同时促进学校教学工作的开展。最后，阶段性管理主要是分阶段鼓励“双师型”教师，制定教师发展目标，在不同时期对教师采取具体、有针对性的激励措施，使教师不断了解自己的发展目标，提高工作积极性。

3. 增强“双师型”教师自身专业发展意识

（1）明确专业发展核心

高职院校“双师型”教师专业发展的核心主要体现在两个方面：一是教师专业发展的独立意识；二是双师型教师专业能力的培养。“双师型”教师只有自觉地认识到专业发展的重要性，才能自觉地、认真地对待自身的专业建设和培养。“双师型”教师的专业发展主要是对其过去发展的总结和评价，以及对其未来专业发展的长远规划。高职院校“双师型”教师发展的前提和核心是职业发展的自觉性。因此，高职院校“双师型”教师专业能力的培养主要是指教学能力的培养。虽然高职院校“双师型”教师的工作应与学生、家长、同事共同完成，具有多样性的特点，但教师工作的主要场所仍然是课堂，自我职业能力的培养主要是指教学能力的培养。高职院校“双师型”教师只有充分意识到自身专业发展的核心，才能明确目标，合理规划，有效开展专业发展实践活动。

（2）“双师型”教师发展注重核心事项

“双师型”教师工作的核心是教学工作。因此，“双师型”教师专业发展的核心是课堂教学的发展。“双师型”教师要不断吸收和学习先进的课堂教学经验，将理论教学与实践教学相结合，突出高职院校的教学宗旨和目标。将最先进的专业知识传递给学生是高职院校“双师型”教师课堂教学的重要目标，这就要求教师不断深入所教学科的实际生产线，了解本专业的前沿信息和社会需求，使学生在离校前能够了解工作现状，为将来的就业做好充分的准备。

（3）“他我”与“自我”结合，做好“双师型”教师角色转变

在高职院校“双师型”教师专业发展过程中，要注意自身角色的转变，这是“双师型”教师专业发展的重要组成部分。“双师”的角色可以看作两部分。第一部分是“他我”的角色。“他我”的角色是指教师作为社会发展来说充当的是社会工具的价值。“双师型”教师为社会经济发展做出了贡献，社会也赋予了“双师型”教师具体的行为准则及行为规范。第二部分是“自我”的角色。自我角色以“双师型”教师自身为中心，以教师职业本身的道德标准来衡量，也是自我价值的实现。在社会实践中，往往体现的是“双师型”教师的“他我”价值观，但对于“双师型”教师自身的发展来说，“自我”价值的实现是专业发展的核心，这有利于“双师型”教师在专业发展的过程中学会反思自己，从而促进专业发展。

第三节　高职跨境电商“双师型”教师专业发展的有效策略

2018 年 1 月，中共中央、国务院印发《关于全面深化新时代教师队伍建设改革的意见》，明确提出，百年教育大计，要以教师为本。高职院校办学质量与发展的核心在于教师队伍的建设与发展，必须建设一批高素质的“双师型”教师队伍。本研究通过实证研究与分析，发现我国高职院校“双师型”教师专业发展存在的问题及原因。基于人的全面发展与教师专业发展的理论内涵之间的内在联系，本研究以人的全面发展来引导“双师型”

教师的专业发展，探寻“双师型”教师建设与专业发展的有效策略，以提高高职教育“双师型”教师的专业水平。这既是全面提高高职院校教师素质、加快高职院校发展的必然选择，也是提高高职教育水平的根本举措。[①]

一、建立健全“双师型”教师资格准入制度

基于高职院校“双师型”教师的特殊性，我们应该借鉴德国、美国等职业教育发达国家的过往经验，建立区别于普通高校的教师评价体系，从高职院校教师工作特点出发，走“双师型”教师发展道路。“量身定制”一套完整、独立、合理、可行的适用于我国高职院校环境的“双师型”教师资格认定和职称评定标准，完善“双师型”教师评价体系，完善“双师型”教师准入制度，发挥正确的引导作用。

（一）规范资格评审标准，明确“双师素质”要求

《关于全面深化新时代教师队伍建设改革的意见》指出，高职院校应根据职业教育的特殊性，完善“双师型”教师的资格认定标准，明确“双师型”教师的具体要求。各地可根据当地经济条件、科技发展情况，在教育厅领导下成立专门的职业技能鉴定委员会，邀请行业专家和部分经验丰富的一线教师参加，修改“双师型”教师资格认定和评价标准，以满足地方高校的标准。同时，要注重在全社会加大宣传力度，扩大影响力，提高“双师型”教师的认可度。在“双师型”教师资格认证与考核过程中，职业技能考核委员会应结合国家和地方标准以及高职教育的实际需要，以教师为核心，打破行政干预等传统因素的干扰，采用理论书面考核、操作技能考核等严格统一的考核形式，适当降低对理论科研论文数量和质量的要求，注重实用性和应用性。严格执行在职实践考核制度，将教师实践技能考核作为重要的考核指标之一，并将工业企业的就业经验作为鉴定教师教育教学能力、取得专业课教师资格的必要条件加以探讨。在资格和职称评价标准中，以专业理论水平、技能评价水平、专利申请、专业建设和课程开发为重要指标，全面、客观地评价和鉴定“双师型”教师的综合素质，如教学工作的实际情况、科研学术水平、实际应用能力、企业实际工作经验等。此外，要打破“双师型”教师职业资格证书终身制，制定动态考核机制，成立专门小组，定期对“双师型”教师进行考核抽查。对在一定时间内不符合规定条件的教师，将取消其“双师型”教师职业资格证书，以促进“双师型”教师紧跟时代步伐，不断追求进步。

---

① 邓梓君．双因素理论视域下高职院校“双师型”教师队伍激励机制优化策略研究［J］．教育科学论坛，2021（24）：29-34.

（二）拓宽师资来源渠道，建设兼职教师队伍

高职院校要实行开放的教师培训制度，向社会开放职业教育专业招生渠道和实践指导人员，注重从企业引进高层次技能人才，制定一些优惠政策，吸引社会相关人员登记求职。相对稳定的兼职教师队伍可以为高职院校带来实用生产和科研的新技术，以及社会对员工素质的新要求，使学校的教学工作更好地适应社会经济发展和专业转变的需要。高职院校要建立健全兼职教师的招聘、培训、管理和考核等一系列制度，培养具有实践经验的一流人才，如专业技术人才、高技能人才、民族民间文化传承者等优秀人才，并聘请他们担任兼职教师，甚至专业领导。建立企业管理者、技术专家、职业学校管理者和骨干教师的“互动”制度，推进高职院校“双师型”教师人事管理体制改革，实行固定岗位与流动岗位相结合。对优秀工程技术人员可组织专项教学能力培训项目和课程，指导他们取得教师职业资格证书，为“双师型”教师队伍注入越来越雄厚的力量。柳州职业技术学院专门设立兼职教师人才库，组织和指导二级学院加强企业一线技术人员与学校专职教师的交流与合作，探索发展兼职教师教育培训项目，对兼职教师进行高等教育心理学、高等教育教学方法培训，提高兼职教师的教学能力，同时大力支持兼职教师申报教学科研项目和教学改革成果，鼓励兼职教师转为兼职“双师型”教师。衢州职业技术学院出台了具体政策，优先促进从具有相应高级技能证书的行业和企业引进的兼职教师申请高职院校教师专业技术资格，鼓励他们转变为“双师型”教师。

二、完善“双师型”教师培养培训体系

2018 年，中共中央、国务院印发《关于全面深化新时代教师队伍建设改革的意见》，强调要加强职业技术师范院校建设，支持高水平学校与大中型企业共建“双师型”教师培训基地，建立高校与行业企业联合培养“双师型”教师机制。为保障职业教育队伍的师资，引领和推动建立一支技能精湛、专兼职相结合的“双师型”教师队伍，我国目前初步建成了一批由普通本科院校、高职院校和企业组成的职业教育师资培训重点建设基地。高职院校师资培训的目的是培养一个持续学习的好习惯，在此基础上，寻求独立发展，最终促进教师自我发展能力的形成。因此，在终身学习理念的指导下，通过各方的大力支持，实施高职院校教师素质提升计划，建立和完善“双师型”教师培养培训体系。

（一）加强职前、职后培养培训的衔接

高职院校要规范职前培训和职后培训的师资、内容、手段、资金、场地、设备等方面的管理，逐步建立完善的职前培训和职后培训紧密衔接的体系，从而减少不同训练周期之间的脱节。职前培训的重点是指导教师如何更好地将所掌握的知识和技能应用于教育实

践，以便更好地适应教师的工作。在职教育的重点是教师在教学中学会如何不断反思教育教学的实践，使教师能够升华和提高自身的经验，并向教师专业化的方向发展。在培养和培训的全过程中，关注不同教师的成长和发展需求，关注教师的心理成长及其变化，在各个环节进行沟通，以提升“双师型”教师的技术技能水平和可持续发展能力为重点，与时俱进，并且将专业发展不断变化，衔接课程和教材建设，联系最新的行业和专业标准及工作规范，优化专业课程结构，丰富教学案例，更新教学内容，改进教学方法。每次培训结束后，还应及时跟踪教师在实际教学工作中的表现，了解培训的真实效果，进行持续改进。此外，为确保教师（尤其是新手教师）职前培训后更好更快更有效地衔接，可以借鉴柳州职业技术学院设计的《教学导师制》，为新入职的每一位承担教学任务的教师配备导师，导师在培训期间将帮助新教师制订培训计划和培训目标，开展师德教育、教育教学体验教育，带领新教师参与专业建设、课程建设和教学改革等活动。广东轻工业职业技术学院还对新入职的年轻教师实施了“一帮一”的帮扶制度。为避免形式主义，要求双方签订协议，设定任务，定期提交总结报告，按时进行评估。这样，新教师就可以更好更快地解决困惑，熟悉高职教育的教学规则和要求，熟悉学院的教育教学管理体制和教学工作的要求，尽快融入学院，尽快适应后续培训任务，独立开始个人的专业发展。可见，只有把高职院校“双师型”教师的职前教育和职后教育联系起来，并在此过程中给予正确的引导，才能促进高职院校教师的专业发展，逐渐建立起自我专业发展的意识，最终实现全面发展。

（二）开展多样化的培养培训活动

培训可以采用多种模式进行，以适应时代的需要，满足不同教师的需求。除了传统的教师集中培训班、专家领导讲座培训、技能竞赛培训等，我们还可以开展校本培训模式，充分利用“双师型”教师所在学校的教育资源，开发符合教师实际需求、解决教师实际问题的培训课程，开放选修课菜单，鼓励“双师型”教师根据个人学习意愿和内在需求选择适合自己的培训课程。在开发校本课程和组织校本培训过程中，鼓励一线专业教师参与相应课程的开发、设计培训内容和课程，充分发挥主观能动性，调动教师的积极性和主动性，提升自身的教育素质，在学习专业科研理论的同时，实施教育生产实践，提高教学质量。增强教育教学的自信心，产生学习的兴趣，及时更新知识。学校可以建立培训学分与教师管理相结合的机制，建立“双师型”教师培训学分银行，更好地量化和管理不同教师的培训活动。有条件的高职院校可与德国等高等职业教育发达国家合作，派遣优秀的“双师型”教师赴国外学习先进经验，引进国外优秀的职业教师，在校内建立“双师型”教师联合培养基地，共同开发培训项目，及时更新培训人员的技能水平。随着信息化水平的不断提高，我们也可以加强“双师型”教师网络培训社区的建设，使培训场所不再受到限制。此外，制定和完善“双师型”教师临时培训管理办法，与高校、企业深度合作，规范教师临时培训的单位和岗位选择，严格管理和考核临时培训过程，从而保证临时培训在提高“双师型”教师实践技能和素质方面的有效性。

（三）深化产教融合，加强校企合作

《关于全面深化新时代教师队伍建设改革的意见》指出，要切实推进职业院校教师定期到企业实践，不断提高实践教学能力。因此，高职院校应进一步推进和发展校企合作培养模式，组织相应学科的“双师型”教师与企事业单位等深度合作，共同开展教学活动，推动行业企业和学校共建人才培养基地、技术创新基地、科技服务及科技孵化基地，实现教育链和产业链的有机融合。引导企业深入参与“双师型”教师专业教学、待岗实习、资格认证等方面的标准制定和教学评估。定期选派“双师型”教师，通过产学研相结合的方式，在行业和企业开展实践培训。规定工作时间，给予相应的岗位补贴，将其作为职称评定的必要条件之一。青岛职业技术学院对企业学习实行“双师型”教师“三证”制度，教师参加企业培训和实习时间不少于 2 个月，一年后取得职业资格证书或职称证书，实践考核一线教师的企业实践经验。此外，“双师型”教师在企业实习中绝不能蜻蜓点水、走马观花，而是应到企业实际重要的专业技术岗位参与并承担一系列生产实习、科研项目、产品开发及技术转让等工作，详细了解企业生产组织模式、流程、行业发展趋势及企业发展阶段等基本情况，了解并熟悉相关岗位职责、技能要求、操作规范、管理制度、用工标准、企业文化等，学习新知识、新技术、新工艺、新材料、新设备、新标准等，以便能应用于本专业的生产实践教学中，掌握前沿科技信息，掌握第一手操作经验的脉搏，掌握企业的人才需求标准，衢州职业技术学院就是一个很好的例子。自 2013 年以来，衢州职业技术学院设立了多个研究机构。通过加强与企事业单位的合作，衢州职业技术学院专门开展了一系列相关的横向和纵向研究课题，并出台政策支持企业前沿的应用科研项目和产品开发。该校的一些学院还建立了专家工作站，以开展更高层次的项目研究，并拓宽教师的技术开发和创新视野。因此，在提高教师专业实践操作、科学应用技能等专业素质的同时，也提高了教师引导学生实践操作技能和实践创新的能力。

三、深化高职科研体制改革

高职院校的科研管理工作及相应体制建设应结合高职教育实际，以服务教学改革为基础，以学校与企业的产学研合作为切入点，以服务社会、促进经济发展为根本，建立和完善科研长效激励和管理机制。事实上，高职院校由于与企业联系更紧密，从而更加了解企业发展的新要求、新技术，因此科研项目重点可以放在产品研发、应用型研究和成果转化等方面。高职院校应多多鼓励“双师型”教师转移原本放在学术型研究论文上的工作重

心，将自身知识与企业行业实践经验结合起来，根据行业一线培养技术技能复合型人才的特点，在技术改造、成果转化、应用型研究上多下功夫。

（一）拓宽资金来源，搭建科研平台

由于我国很多高职院校“双师型”教师的科研水平不高，因此需要长效的政策与管理机制、激励机制来鼓励教师们沉下心来做科研。根据2017年国务院发布的《国家教育事业发展“十三五”规划》，高职院校要加大科研投入，完善科研经费内部管理方法，形成长效经费支持机制，为教师开展科研工作提供基本保障。按照规定实施和规范科研项目预算调整、间接成本统筹使用、人工成本分配和管理结转资金使用，实施充分体现人才创新价值和特点的资金使用管理办法，加强绩效激励，进一步发挥科研项目资金的引导和激励作用。在争取地方政府财政投入的同时，也可以依靠产学研合作的模式，积极获取相关行业的科研经费，开展横向科研。

（二）加大培养力度，强化科研管理

高职院校应加大培训力度，提高“双师型”教师的科研能力。加大对攻读硕士、博士学位教师的支持和服务力度，支持教师进行新技术研发、研究成果转化、参加国际学术会议和出国留学等，进一步提高教师的专业技术能力、研发能力、教育教学能力、课程开发能力和教育管理能力。学校可以定期组织会议或邀请知名专家学者进行专题讲座，向教师讲解和指导当前高职院校应用科学研究的内容、方向和程序，使教师及时了解和掌握国内外最新研究动态。注重校企合作为区域经济服务的能力，鼓励“双师型”教师到企业兼职锻炼，熟悉生产一线工作，提高分析和解决实际问题的能力，为应用科学研究提供有效的数据支持。在科研实践中探索和完善科研成果所有权、知识产权和利益分配机制。大学、科研机构和工业企业可以选择人员参加培训，共同开展应用研究和成果转化。为完善技术转让和应用机制，有条件的高职院校可以成立知识产权运营和科技成果转化专项团队，形成科技成果转化和知识产权保护应用的有效机制，建立和完善有利于科技成果转化的评价体系。探索建立基于互联网的科研组织模式，开展跨学校、跨学科、跨领域、跨国界的协同创新，以多种方式联合开展更多不受地域限制的科研项目，建立基于创新质量、贡献和绩效的科研分类和评价体系。

（三）组建带头团队，提高科研能力

高职院校可以制定《优秀科研人才工作室建设管理办法》，设立专项资金，设立专门的创新科研岗位，选拔和建设一批观念强、结构优化、综合素质高、素质好的人才队伍，使教学成绩突出。由教学科研领域有影响力、有示范作用的大师和著名教师组成一批科研

创新团队。以核心课程、重点专业、重大科研项目和技术服务项目、重大教改项目为契机，制定配套政策，设立建设资金，为教学科研队伍提供专项培训资金，创造良好的工作条件。以柳州职业技术学院为例，其在这方面进行了探索和实践。2017年10月，学院在校内设立了专职科研岗位，聘请了一批具有高科研基础和实力的来自不同专业的专业教师担任科研领导，承担科技研究的应用、研究和开发工作。与此同时，科研人员和科研创新团队还需要定期举办相关专题讲座，带领团队指导和组织教师积极申请科研项目，并全程提供专业指导，指导相关教师，尤其是高职院校最重要的教师群体——“双师型”教师提升科研能力，完成科研任务，提高高职院校教师的整体科研能力和水平。

四、健全考核与激励机制

促进“双师型”教师可持续发展的必要条件是建立和完善专项考核激励机制，打破教师职业生涯终身制。每一所高职院校都应在立足于高职教育特点的基础之上，避免采用普通高职教师的考核与奖励的标准，以参与式讨论和一线教师为基础，在高职院校制定一套详细的、完整的、适合高职院校自身的专门针对“双师型”教师的评价标准和奖惩制度。

（一）改革考核评价体系，推进教师队伍建设

2018年，中共中央、国务院发布《关于全面深化新时代教师队伍建设改革的意见》。具体指出，应完善高职院校教师评价体系，对“双师型”教师的评价应充分反映其技能水平和专业教学能力。大力推进高校教师职务聘任制改革，实行准聘任制和长期聘任制相结合，实现教师能上能下、能进能出。其中，教育、人力资源和社会保障部门应加强对就业评估和职称评估的监督。因此，高职院校在制定“双师型”教师考核标准时，应注重“双师型”教师的教学改革和专业技能。注重对其教与学的评估，整合教学能力、教学改革、课程改革成果，针对各类、各级教学成果、企业实际工作经验，引导学生参加各类技能竞赛，对学生进行素质教育，适当降低科研理论研究成果的比例，提高应用研究在评审中的比例。由于“双师型”教师素质和能力的特殊性，其考核应比普通教师更严格。不合格的“双师型”教师在职称评定、岗位聘任、奖励等环节实行一票否决制，表现不佳的教师甚至可以从教师队伍淘汰。在评估的建立和实施过程中，要积极听取高职院校教师的意见，畅通与教师的沟通渠道，民主参与评估，突出“双师型”教师的主体地位和更多的职业自主权，定期对评估方案进行不断修改和完善，以更好地适应高职院校的特点。

（二）实施激励保障机制，促进教师可持续发展

在激励和保障方面，社会应更加关注教师的特殊重要地位，按照国家有关规定，因地制宜地开展各类表彰奖励活动，在高职院校中重点奖励和大力宣传有突出贡献的一线“双

师型”教师，落实相关优惠政策，树立典型带头作用，鼓励社会团体、企事业单位加大对教师的投入和奖励力度，提高“双师型”优秀教师的认可度，开展尊师活动，形成尊师重教的良好社会风尚，提高高职院校教师的社会地位。各地可以借鉴广西壮族自治区的做法，将反映“双师型”教师素质和能力特点的成绩纳入职业教育教师专业技术职务考核条例，“双师型”教师在申请专业技术职务晋升时，对科研成果的要求可以适当放宽。

对于学校而言，高职院校应进一步加强“双师型”教师队伍建设的资金投入，致力于为“双师型”教师提供良好的工作环境、发展环境和物质条件，建立符合“双师型”教师群体行为特点的奖惩机制，明确管理制度，避免平均主义和消极态度的发生。教师“双师素质”的评价结果与教师资格证书、教育教学成果、企业科技研发成果和教师岗位津贴、职称评定、评奖奖金、补贴、住房福利等直接挂钩，为鼓励更多“双师型”在职教师攻读硕博学位或者脱产进修以提升学位，应为“双师型”教师提供更多出国培训和学习的机会，加大对“双师型”教师发展的各方面的补贴和优惠政策的支持。此外，学校应加强与教师的平等对话，了解不同阶段、不同专业的不同教师的需求和想法，为“双师型”教师提供更多参与管理、充分发挥其才能的机会，提高自我创造意识和发展潜力。只有努力满足他们的合理需求，优化吸引人才、激励人才的生态环境，才能使他们在职业发展和自我实现的愿望之后产生更高的水平，引导更多教师转向“双师型”教师并达成“双师型”教师的自我专业化发展。

五、注重科学管理机制，促进教师专业自主发展

教师作为人，首先应该从人的视角去审视，教师个体专业发展是人的整体发展的一部分，涉及人所从事的职业与人的全部生命和生活的关系。教师专业自主发展是一个有意识的、持续的、系统的过程，主要强调个体的、内在的专业化提高。高职教师本身作为一个不断发展中的个体以及高职教育实践的主体，在承担培养人的责任、引导学生走向全面发展的过程中，也理应带头追求教师本人的全面发展。对“双师型”教师的发展要求不能单纯停留在专业发展范围内，不能单纯只强调教师承担的公共教育服务的职责，无论是学校还是教师本人都需要把认识提高到个人生命的整体发展层面，拓展包括关注教师们的道德思想、专业知识与技能、身心健康、家庭关系、人际交往、自我发展等方面。

（一）坚持以人为本，科学管理

在促进教师专业发展的过程中，以人的全面发展理论为指导，以教师为专业发展主体，可以更好地引导教师实现自主专业发展。过去过于强调教师作为专业发展的对象，内容较多，强调教师的外部条件和教师的专业公共属性，是“双师型”教师素质和能力提高的客观要求，强调教师专业发展的责任和义务，却忽视了“双师型”教师的专业发展权利

和选择，忽视了“双师型”教师在专业发展过程中的需要和主观能动作用。因此，高职院校应更加充分地认识和树立“以人为本”的人力资源管理理念，建立民主和谐、以安全行政为取向的灵活管理机制，以“双师型”教师自身的个人内部需求为基础和前提，尊重教师的独立人格意识和人格发展，为教师的外部专业发展提供更舒适的环境。尊重人才成长规律，尊重优秀教师的主体地位，在培训、组织和评价中培养和选择教学实践，增强教师的专业自主权、参与权、选择权、知情权、发言权和监督权，做出重大决策，涉及教师利益的重大政策，应当经过教工大会民主讨论，以便拓宽教师参与学校民主治理的渠道和途径，以保障教师参与学校决策的民主权利。其次，高职院校应根据“双师型”教师的成长发展规律，对教师成长发展的各个阶段进行科学分类，在每个发展阶段制定不同的质量和绩效标准，并定期组织教师进行自我诊断。并通过岗位任务分析、调查研究等手段构建岗位胜任力模型和双师型教师发展模型，以提供人才引进、岗位晋升、教育培训依据。此外，学校还可以指导每一位“双师型”教师制定开放多元、自主迁移的个人职业生涯规划，并根据教师专业发展的不同阶段和特点，有针对性地提供集体辅导、一对一咨询，开展多种服务形式等各类培训活动，关心教师身心健康，维护职业尊严和合法权益，帮助解决每位教师在工作、生活和个人发展过程中遇到的问题和困难，强化教师自主专业发展的意识和动力，挖掘自身专业潜力和创新能力，克服职业倦怠，调动工作积极性，帮助教师专心教学，专心工作，促进“双师型”教师实现富有个性的专业发展。高职院校还可以尝试建立学校教师学习发展信息服务平台，收集和整合校内外与教师专业发展相关的各种信息资源，并以模块化的方式呈现在平台上，以供教师学习和交流。教师发展中心帮助建立教师个人电子档案，规划不同教师的发展目标，记录每个人的学习和发展，便于及时掌握、诊断，促进每个教师的全面发展、成长和提高。

在关注教师工作和生活需求细节方面，可以借鉴柳州职业技术学院的做法，建立“教师综合服务中心”。综合服务中心全天 24 小时工作，打破了以往许多高职院校“做事难、找人难、跑腿难”的困境。包括日常事务处理、员工供养、证件处理和财务处理四种 13 条“一站式”服务，人性化的设计使教师做任何事情无须四处打听或到处跑腿，大大提高了工作效率，提高了教师的归属感和工作积极性。

（二）建立教师教学发展中心，关注教师个人需求

随着高等教育越来越重视人才培养质量，一些高职院校开始建立教学发展中心。教师教学发展中心的主要目的是帮助教师（尤其是刚进入学校的青年教师）提高教学技能，规划他们的专业发展。高职院校教师教学发展中心要根据教师的个人情况，根据“双师型”教师的培养要求，制定不同的培养目标，组织不同的活动，鼓励一线专业教师参与相应培训课程的开发，促进教师共同发展。湖州职业技术学院设立的教师教学发展中心就是一个

很好的例子。该中心建立了教师学习社区，通过教师研讨班将来自不同背景、专业和学科的教师聚集在一起，协调资源，组织教师讨论和解决教学、科研、实践和服务中的常见问题，修改和改进教学内容，继续有效开展各种发展性教研良性互动活动，最终惠及学生，这种方法解决了许多高职院校面临的教学和科研部门的教学和科研活动难以共享优质资源的问题。教师有更好地集中渠道为学校的改革和发展贡献自己的声音和力量，同时也提高了教师的教学能力和水平。柳州职业技术学院的新教师发展中心也有自己的特色，该中心充分关注每位员工的全面发展和个人发展需求，为他们提供适当的帮助和支持，根据不同的教师定期开展专业化、个性化的职业发展咨询服务和管理，开展“一对一”的教学咨询服务，组织教师根据自身情况定期进行质量评估和自我发展诊断，并分类为不同的教师设计个性化培训活动，调查培训效果评估和持续改进，为了使职业教育教师培训逐步从“学校需要”转变为“教师自我需要”，从“我要你学”转变为“我会学”，在培训方式的选择上，尽可能地采用丰富多样的模式，如校本培训、行动导向学习培训、校企合作培训、设立工作坊、组织讨论、派遣海外、学术培训等。这些都是值得借鉴的，这也是高职院校建立教师教学发展中心的意义所在。

（三）准确把握自身角色，培养独立专业发展的意识和能力

就“双师型”教师自身而言，教师职业有着特殊的意义。教师应该是更好生活的领导者和创造者。教师职业挑战并激发个性的内在力量和个体生命的智慧。它除了具有促进学生个体发展的生命价值，还具有促进教师个体自我超越的内在生命价值、尊严和幸福。因此，“双师型”教师还应通过自身的教育教学实践，通过理解、运用推广、自主创新，自觉培养自主专业发展意识，发展自主专业发展能力，反思和重构人类生命存在的本质，与学生对话，共同成长。不断反思和发现自身存在的问题，树立终身学习、终身发展、终身提高的职业理念，积极参与各种培训实践和专业活动，不断提高自身的“双重素质”，逐步实现专业自主权。

在专业自我反思的过程中，正确认识和把握自身的角色，既要看到自己在专业发展的过程中应承担的社会角色和社会责任，不断成长，以满足教师专业化的外部需要，同时也要看到自己在职业发展过程中对于自我实现的需求，必须继续追求职业发展的内在需求，在更高的职业信念感、认同感、自尊感和成就感中对自己的职业发展承担责任，确立稳定的专业发展目标，制定具体的不同阶段的专业发展规划，强化自身的专业发展需求和意识，并在不断反思和调整中把握自己的专业发展方向和路径，逐步达到专业发展的成熟状

态，最终自觉地、主动地实现专业发展。所以，“双师型”教师不仅会停留在外在价值“单纯传授知识”的层面上，还会自然而然地将外在的知识、文化和他人的创造转化为内在的需要和实践，使自身得到全面发展和成长，最大限度地发挥自身的潜能和创造力，不断感受职业教育的魅力和乐趣，在获得越来越多的社会尊重的过程中，教师可以在自身的工作中逐渐获得职业和教育所带来的独特幸福，这是教师应该追求的社会价值和人生意义。

第六章　产教融合模式下高职跨境电商“校企合作”研究

第一节　高职跨境电商校企合作的理论基础

一、问题发现

（一）时代迅速发展需要高职院校电子商务专业建设的加强

随着科技进步和时间流逝，网络经济的价值在人的生活中的用处越来越大，企业经营越来越依赖电子商务。数据显示，截至 2022 年 12 月，我国网络购物用户规模达 8.45 亿，较 2021 年 12 月增长 319 万，占网民整体的 79.2%，成为全球最庞大的数字社会，同时网购团购也持续高增长。截至 2021 年 6 月，我国农村网民规模为 2.97 亿，农村地区互联网普及率为 59.2%，较 2020 年 12 月提升 3.3 个百分点，城乡互联网普及率进一步缩小至 19.1 个百分点。截至 2021 年 6 月，我国网络支付用户规模达 8.72 亿，较 2020 年 12 月增长 1 787 万人，占网民整体的 86.3%。2022 年 12 月，全球使用互联网的人数达到了 49.5 亿，同比增长了 4%。截至 2022 年 1 月，全球互联网普及率为 62.5%。全球范围内，在 16 岁至 64 岁的网民中，有近 77%的人表示他们每月都会在网上购物。印度尼西亚的互联网用户中超过 87%的受访者表示，他们在过去一个月里在网上购买了东西。另一方面，埃及 57%的互联网用户表示，他们在过去 30 天内进行了网上购物。

随着经济的调整发展，人均可支配收入的提高，网上零售额逐步增长，2022 年，全国网上零售额达 13.79 万亿元，同比增长 4%。其中，实物商品网上零售额 11.96 万亿元，突破 10 万亿元，同比增长 6.2%，占社会消费品零售总额的比重为 27.2%，对社会消费品零售总额增长的贡献率为 27.2%。海关数据显示，2022 年，我国跨境电商进出口额达

2.11 万亿元，故随着社会经济网络化进程的不断加快，跨境电商专业人才需求趋势在不断地增加。

高职院校是提高初级技能，培养生产、建设、管理一线的技能型、应用型人才的孵化基地，随着线上购物这个巨型市场的加速发展，跨境电商专业建设迎来了新的机遇与挑战。跨境电商人才需求趋势锐不可当，市场对跨境电商人才的需求也与日俱增，不可否认地为高职院校跨境电商专业创设了一片广阔的红海市场，跨境电商专业应抓住这个良好的机遇，尽可能地降低学校到企业这一进程的成本，从而更好地刺激跨境电商专业的快速发展。推动高职院校跨境电商专业建设，合理确定专业定位，优化课程设置，提高资源利用效率，保证人才培养质量评价模式与方式稳中求进，为高职院校跨境电商健康发展提供良好的内生长动力。

（二）教育的进步，憧憬高职院校跨境电商专业建设更为体系化

教育部在 2019 年的普通高等学校高等职业教育专业目录中增设跨境电商专业，跨境电商成为这个时代的新生专业，符合时代发展的需求。同时，2020 年 2 月 21 日，《教育部关于公布 2019 年度普通高等学校本科专业备案和审批结果的通知》（教高函〔2020〕2 号），公布“2019 年度普通高等学校本科专业备案和审批结果”的“新增审批本科专业名单”有新增专业“跨境电商专业”。受全球疫情影响，消费者购物习惯发生转变，电商平台的流量有了显著增长。在全球制造业供应链受到疫情冲击时，“中国制造”稳定的供应链优势为中国品牌拓展海外市场提供了良好的机遇，中国跨境电商行业也是迎来了飞速发展。据我国商务部发言人表示，近年来，中国外贸新业态蓬勃发展，持续创新。中国跨境电商 5 年增长近 10 倍，2022 年继续保持两位数增长。目前，中国是全球最大的 B2C 跨境电商交易市场，未来发展前景大好，跨境电商也成为国家大力支持的行业之一。国家统计局数据和公开资料显示，2022 年中国跨境电商市场的整体规模已经达到 15.7 万亿元人民币，过去 5 年间的年复合增长率接近 18%。同时，我国传统外贸也正逐步向线上贸易转移，渗透率呈现逐年上升趋势，2022 年跨境电商整体渗透率达到 40%。随着跨境电商越来越火，相关人才需求也随之增长，各地高校也顺应趋势开设跨境电商专业。如何培养合格的“跨境电商人才”成为教育行业的重要关注点。然而，全国跨境电商专业人员短缺的现象并未得到解决，需求依旧远大于教育所能给予的供给，矛盾也由此产生，很难不让社会对当前的跨境电商专业教育提出否认。全国跨境电商专业毕业生有失业现象，根本原因是结构性失业，要缓解结构性失业的方法，依旧是要促进专业知识与专业技能的运用，所以实际行动上要加强跨境电商专业的建设。

高职院校的人才培养和社会服务工作必须以专业为依托，也就是说，专业建设是高职院校最基本的微观单位，是高职院校生存与发展的基石。高职院校跨境电商专业作为一门

新设专业，在专业定位、师资、课程设置等方面都表现出不尽人意的情况。甚至有一些高校还提出结构宽泛的“全方位”跨境电商专业人才的模式，这与高职院校和学生的客观现实相距甚远。偏离高职院校培养基本应用型人才的专业建设目标，一定程度上妨碍了跨境电商专业学生实践能力的进一步提升。

跨境电商的进步以及国家的大力支持促进了高职院校跨境电商专业的成长。然而，据市场需求的反馈来看，当前跨境电商专业构建效果不理想，因此，在期待高职院校跨境电商专业快速发展，满足社会需求的同时，我们也憧憬高职院校跨境电商专业建设可以着眼于现实，使用理性思维，高职院校只有在理性分析市场对高职跨境电商人才需求的基础上，正当了解自己的市场供给水平，才能体系化地促进跨境电商专业建设，从而真实有效地提高高职院校跨境电商专业的核心竞争力，使教育达到有效供给平衡，营造良好的环境。

（三）学生的进步，憧憬高职院校跨境电商专业建设以人为本

教育的目的是人的全面发展。“以人为本”是当代教育的基础。高等职业教育坚持以“就业为导向，服务为宗旨”的办学方针，办学理念由老旧的升学目标转变为从业目标。然而，高等职业教育不是就业教育，就业只是高等职业教育的职能之一。职业教育还包括智力教育、道德教育、社交能力培养、科学文化传播等基本内容，这有助于学生综合水平的提高。学生综合素养的提高离不开高职院校专业的成长，学院专业的成长也可以通过一系列的专业建设来提升。

高职院校跨境电商专业建设既是专业进步的必要要求，更是学生综合发展的必要保证。一些高职院校把高职教育作为片面追求高就业率的教育，不能科学有效地考虑学生综合发展的需求，往往会把重点放在最后一个学期上，使之更加尴尬，这是教学时间顺序的缺失，对教学和学生的学习影响很大。这种将高等职业教育视为就业教育的做法，不仅缩小了高等职业教育的内涵，也不利于学生就业后的持续发展。学生在就业后很快就会面对发展困境的风险。因而，贯彻“以就业为导向”的办学方针，首先要以“服务为宗旨”为基础，从有利于学生发展的角度真心实意地培养高职学生尤为重要。

在对高职院校跨境电商专业学生进行培养的过程中，不仅要注重学生的职业水平的提高，更要注重学生的实践水平的培育，在了解就业率的同时，也要注重就业对口率，以及学生就业的发展前景，这就要求高职院校在跨境电商专业建设上进行有规划的调整，将统筹兼顾与可持续协调发展相统一，因此，进一步推动高职院校跨境电商专业建设，落实“以人为本”的教育理念是促进高职学生全面发展的必然要求，也是高职院校跨境电商专业学生获得具体实践的重要途径。

二、理论基础

(一) 建构主义学习理论

建构主义学习观认为，学习是学生与环境的不断交互，积极地了解自己的不足。学生不能只是被动地接受知识，而是把已经学会的知识在特定的环境下，用意义建构的方法与外部环境相互推动，从而获取知识。主要包含三个层面：①学习是将已经学会的知识与经验对之前的与现在的两种知识再加工的进程。②学习是在特定社会环境下，在与环境的相互交融之中，内化于心外化于行。③学习不总是以线性关系出现，而是一个不断往复循环的过程。

建构主义学习理论是在行为主义心理学和认知心理学的基础上构建发展而来的。其重要代表人物是维果茨基。苏联心理学家维果茨基创立的一种个体心理发展理论。他从人类生产劳动的社会性和意识一开始就是社会的产物的原理出发，认为个人的心理发展不但以他个人的经验为基础，而且也以历史的经验、先辈的经验、社会的经验、他人的经验为基础。根据维果茨基的观点，个体认知的过程就是社会建构的过程。他强调社会文化和历史在认知过程中的作用，认为个体认知是在社会交往的过程中产生的，个体认知的过程就是外部行为的内化和内部智力的外化过程。他认为，个体的高级心理机能，如有意注意、逻辑记忆、概念形成、意志发展以及个性和意识，全都是由社会性相互作用派生出来的，是在社会性相互作用中发现的模式、方法和结构的体现，是复制社会性相互作用。

教学不能无视学习者已有的知识经验，不能简单地、强硬地从外部对学习者实施知识的“填灌”，而是应该把学习者原有的知识经验作为新知识的生长点，引导学习者从原有的知识经验中，主动建构新的知识经验。教学不是知识的传递，而是知识的处理和转换。教师和学生、学生与学生之间，需要共同针对某些问题进行探索，并在探索过程中相互交流。

(二) 马斯洛需求层次理论

依据马斯洛的观点，人类的需求大概分为五个方面，分别为：生理需要、安全需要、社会需要、尊重需要、自我实现的需要。

马斯洛的五大需求层次一般分为两类：一类是受生物本能支配的基本物质需求，又称低层次需求和生理需求；二是物质需求得到满足后的精神需求，它存在于金字塔的上层，属于需求层次中的高层次需求。马斯洛认为，人类需要的五个方面是由低到高排成的。当下层的需求基本满足时，上层的需求占据主导地位，促进个体行为的进步，成为人的主体驱动力。人类在所有时候都不可能同时拥有这五大需求与特定条件，任何需求都不会因下一阶段需求的进步而消亡。各级的需要是相互依存和重叠的。当更高层次的需求变得以行动为导向时，较低层次的需求仍然存在，只是降低了比重而已，但存在确定其行动方向的主导需求。

(三) 核心竞争力理论

企业核心竞争力理论的创始人普拉哈拉德和哈默尔将核心竞争力定义为“一种能够为公司以及客户带来特殊权利的独特技能以及技术”。核心竞争力能够为企业带来具有竞争优势的资源，以及资源的配置与整合方式。随着企业资源的变化及配置与整合效率的提高，企业的核心竞争力也会随之发生变化。凭借着核心竞争力产生的动力，一个企业就有可能在激烈的市场竞争中脱颖而出，使产品和服务的价值在一定时期内得到提升。

在美国学者普拉哈拉德和美国学者哈默尔看来，核心竞争力首先应该有助于公司进入不同的市场，它应成为公司扩大经营的能力基础。其次，核心竞争力对创造公司最终产品和服务的顾客价值贡献巨大，它的贡献在于实现顾客最为关注的、核心的、根本的利益，而不仅仅是一些普通的、短期的好处。最后，公司的核心竞争力应该是难以被竞争对手所复制和模仿的。

核心竞争力是一个企业能够长期获得竞争优势的能力，是企业所特有的、能够经得起时间考验的、具有延展性的并且是竞争对手难以模仿的技术或能力。

核心竞争力的三大要素：一是准确的职业定位；二是综合能力与资源；三是超强的执行力。综合这三大要素打造的核心竞争力，目的就是增强个人的竞争优势，让别人无法取代，成就职业生涯发展。一旦具备了强大的核心竞争力，当面对职场裁员风险和各种职业危机时，就拥有了主动选择或“择良木而栖”的资本，职业生涯也不会因为职业机会的改变而发生重大生存危机。

第二节 高职跨境电商校企合作的现状调查

本节将以湖南省高职院校跨境电商专业为主要调查对象，详细分析高职跨境电商专业校企合作的现状。

一、调查目的

通过问卷调查、访谈等方法，获取湖南省高职院校跨境电商专业建设的现状信息，表明高职院校跨境电商专业建设存在的问题。

二、调查方法

问卷调查法：采用自制的《湖南省高职院校跨境电商专业建设现状调查问卷》，对湖南省高职院校跨境电商专业教师及相关领导进行问卷调查，收集湖南省高职院校跨境电商专业的当前情况，并利用软件对信息进行进一步分析研究，得出研究信息的客观性结果。

询问法：切实进入湖南省高职院校跨境电商专业教育的一线，并与专业老师及相关领导进行交流，从而深入了解湖南省高职院校跨境电商专业建设的情况。

三、调查对象

本研究通过网络手段对部分湖南省高职院校的专业开设情况进行调查了解，并对跨境电商专业的老师以及相关领导进行专业交流和问卷调查。共发放问卷 100 份，回收问卷 100 份，其中有效问卷 95 份，有效回收率为 95%。

四、调查维度

本研究从专业设置、专业师资建设、专业课程建设、专业实训基地建设、专业管理和评价体系五个维度对湖南省高职院校跨境电商专业建设情况进行调查。

五、信度效度分析

本次探究通过 SPSS 调查信息进行分析。

信度分析运用内部一致性信度作为研究信度的相关标准。从调查结果中可以发现，《湖南省高职院校跨境电商专业建设现状调查问卷》各维度的内部一致性信度均在 0.712～0.838 之间，内部可信度为 0.816，符合内部一致性系数大于 0.7 的相关要求，代表此次可信度相对较高。

六、调查结果

调查结果统计借助 Excel 2003 进行分析。

（一）专业设置

1. 专业培养目标

在湖南省高职院校跨境电商专业的教师中，54.2%的教师表示自身明白跨境电商专业的培育指标，36.2%的教师表明自身十分明白跨境电商专业的培育指标，18.6%的教师表明自身比较明白电子商务专业的培育指标。这代表着跨境电商专业在明确培育指标方面表现不错。

在培训目标和企业与市场的关联度上，教师培训目标分别占37.4%和27.9%，企业需要密切联系，其余34.7%的教师表示制定部分“培训目标与企业和市场需求相符合”的发展目标，专业培训目标与企业和市场需求更加相符。

在培训目标内容方面，92.8%的教师表明“培训指标是从业”；60.3%的教师表明“思想品德、道德修养、文化素质和精神面貌”的培育也不能忽视；37.4%的教师表明培育指标在一定的角度反映出学生道德思维教育的内容；97.6%的教师表明“职业技能”“专业知识”这些专业能力的培育是培育指标的基础组成部分；在“沟通、表达、协作”等关键能力的培育水平上，51.8%的教师表示重要水平的培育是培育指标所要求的，26.5%的教师表明指令相对模糊，18.1%的教师表明这并非培育指标的指令。

2. 专业培养方案

在湖南省高职院校跨境电商专业培育计划的清晰度上，对专业培育计划十分明白的教师占79.5%，另有12.1%的教师表示明白培育计划，另有8.4%的教师对培育计划比较明白，表明培育计划清晰度较高。

在专业培养方案的准确性上，72.3%的教师表示培育计划能够实现专业培育指标，还有24.1%的教师认为培育计划能大体上满足培育指标的要求。这表示教师对专业培育计划和专业培育指标的相同性比较认同。

在专业培育计划的执行力上，68.7%的教师表示专业培育计划有很高的执行，25.3%的教师表示专业培育计划上只有一部分得到很高的执行，另有6%的教师表示培育计划并未得到很高的执行。这说明大部分教师认为专业培养方案在教学过程中获得了较好的执行。

在专业培育与计划的内容上，针对“为学生将来继续学习做准备”的内容调查上，只有10.8%的教师表示高职学习是为未来接着学习做准备的。这表示大部分教师并不同意高职院校跨境电商专业的学习是为将来继续学习做准备的。

调查结果显示，湖南省高职院校跨境电商专业建设的专业定位维度、培育指标和培育计划在清晰度上表现较好，培育计划在教育中得到了比较高的执行，学生的思想教育得到重视，本专业培育指标对学生专业能力的培育十分重视，但在学生基础能力培育上，尤其是在学生持续学习、进一步深造的指标上仍存在极大缺陷；此外，在专业培育计划定位中，湖南省高职院校对于专业教育的“从业教育”思维倾角相对严重。

（二）专业课程设置

1. 专业课程结构

在专业课程结构设置的逻辑维度方面，21.7%的教师表示“课程结构的逻辑维度是有规律的，学生在专业学习中具有较强的连接性”，31.3%的教师表示专业结构于逻辑维度上没有体现上述特征，47.0%的教师也表示专业的凝聚力与互操作性需要加深。

在跨境电商专业课程结构的时间维度方面，29.3%的教师表示课程“时间维度与课时的顺序合理”，26.1%的教师表示课程“不合理”；44.6%的教师表示课程结构的时间安排亟待改进。这说明课程结构在时间维度上的安排并不合理。

就专业课程结构的层次而言，84.7%的教师认为课程的层次结构是显而易见的，而15.3%的教师认为，清晰的层次结构尚未达到要求。这表明电子商务专业有区分专业课程和基础课程，但还需要进一步完善。

在专业课程结构中专业基础课、专业核心课，理论课、实践课的安排结构方面，33.8%的教师表示“专业基础课、专业核心课，理论课、实践课的设置结构正常”，但43.3%的教师持相反态度。这表示理论课和实践课的结构不正常，此外22.9%的教师也表示专业课程结构仍然存在偏差，亟待必要的调整。

2. 专业课程内容

在跨境电商专业课程内容的广度调研中，68.7%的教师表示当前课程内容“能映射该专业应具备的主要技能和素养”，22.9%的教师表示课程内容与该专业内容相符。这表明课程内容相对具有代表性，基本上可以满足跨境电商专业学生的需求。

在研究课程内容调研的专业教育水平时，28.9%的教师表示“所教授课程内容是给学生好的引导和好的方法”，28.9%的教师持反对意见，42.2%的教师持中立态度，调研报告趋于正态分布曲线。这表明“教师会很好地教授课程内容，但于学生的观点来看，教师没有足够的信心。”

从专业课程内容的新奇性角度看，16.9%的教师表示专业课程内容与时代发展并没有太大的相关性，22.9%的教师表示专业课程内容应更与时代发展相关，而60.2%的教师表示专业课程内容可以顺应时代发展的需求。这表明跨境电商专业课程内容具有一定的代表性。

调查结果显示，从湖南省高职院校跨境电商专业建设的课程设置维度看，本专业的课程在层次清晰度、内容的专业代表性和新奇性角度都有非常好的表现，但在课程结构的时间维度、理论课与实践课的课程结构上还未能有效突破，并且本专业教师在“能够很好地将课程内容教授给学生”上没有足够的信心。

（三）专业师资建设

1. 专业教师数量与结构

对于跨境电商专业教师的数目，唯有14.4%的教师表示“专业教师的数目满足教育的需求，教师和学生的比例是合理的”，有85.6%的教师认为“教师的数量不足，需要补充”。

在教师的年龄结构方面，81.9%的教师表示“教师的年龄结构主修跨境电商是正常的”，唯有9.6%的教师表示，教师的年龄结构亟待调整这表明现在的教师年龄结构只能大体满足教育进步的需求。

在跨境电商专业理论教师和实践教师的结构安排上，76.8%的教师表示实践课程教师与理论课程教师的结构符合要求；此外23.2%的教师表示理论课程教师与实践课程教师的结构需要进行调整。这说明理论课程教师与实践课程教师的结构安排符合当前的教育需求。

从教师综合水平要求角度看，64.7%的教师表示现今的跨境电商专业教师仅满足“教学、科研、创新能力”的部分要求，21.8%的教师表示现今的跨境电商专业教师的能力能够满足专业发展的需求；唯有13.5%的教师表示现今教师的水平不能完全满足专业发展的需求。因此，从教师水平培育角度我们也应该加大力度促进教师专业发展。

2. 专业教师培养

在跨境电商专业教师培训机制建设方面，只有4.8%的教师认为，从“教师培训计划制订、发展和保障机制”的整体功能来看，教师培训结构符合职业教师进步的需求，69.9%的教师表示教师培训体系亟待完善，25.3%的教师表示现今的教师培训机制结构不符合教师专业进步的需求。结果表明，教师培训结构存在很大漏洞，需要在“计划制定、发展和保障机制”方面进行系统优化。

在教师学习活动的频率方面，72.3%的教师表示选择参与教师学习活动的机会更多，13.3%的教师表示教师学习活动基本能够满足教师学习的需求，但有必要适当增加教师学习活动的数量，唯有14.4%的教师表示现今教师认真学习活动的数量不能满足教师学习的需求。结果表明，教师培训活动大体满足教师继续教育的需求，在宣传、组织形式和时间安排方面可能需要考虑多维需求。

在教师进修活动的成效上，26.5%的教师表示学习活动对自身有较大的帮助，60.2%的教师认为，学习活动对教师的帮助不是很明显，13.3%的教师表示教师学习活动带来的帮助甚微。因此结果表明，教师的学习活动效果并不理想。

3. 专业教师补充机制

在专业教师补充机制建设上，93.4%的教师认为专业教师能够理解补充机制，认为学校制定的专业教师补充机制能有效地保证专业教学的正常发展。

在专业教师补充机制的应用效果方面，50.2%的教师认为新进教师能够胜任相关的教学任务，但36.2%的教师表示新进教师不能担任相应的教学任务，仍有13.6%的教师不太满意专业教师补充机制的应用效果。数据表明，通过专业教师补充机制基本上可以满足专业教师补充的需求，但新进教师的培训、引导、提升、整合机制有待加大力度，提升质量。

调查结果显示，湖南省高职院校跨境电商专业建设的师资队伍建设维度、理论课程与实践课程教师的比例、师资培训频率和效果、师资补充机制等，其效果大体上能够满足教学和专业发展的需求，但也呈现出一些不够理想的指标，如教师数量、教师综合能力提升、教师进修培训、教师培训机制建设等。在教师结构组成方面，高职称教师和“双师型”教师比例偏低，短时间内难以得到有效的改善。

(四) 专业实训基地建设

在跨境电商专业基地建设范畴上，大部分的教师表示跨境电商专业实训基地还不能满足教育需求，有 26.5%的教师表示“现今跨境电商专业基地规模能满足教育需求”，10.9%的教师表示现今的跨境电商专业建设体系仅仅可以满足一些教学需求。这说明现今的跨境电商专业基地规模不足以满足基本的教学需求。

基于跨境电商实训基地的使用情况，表示学生能够总是运用“专业实训基地学习”的教师占比为 27.7%，表示学生使用跨境电商专业基地受到严重限制的教师占比为 68.6%，平时使用机会比较少，而 3.7%的教师表示学生有时能够利用专业实训基地学习，而这类现象并不常见。数据显示，跨境电商专业实训基地的利用率较低，学生利用专业实训基地进行学习的机会太少。

在专业实训基地设备及软件更新程度方面，只有 9.6%的教师表示“专业实训基地设备更新程度符合现代岗位发展的要求”，50.6%的教师认为只有部分设备更新程度较高，39.8%的教师表示现有设备已不能满足现代岗位进步的需要。这说明专业实训基地设备更新并不理想。

在跨境电商专业基地的教师指导率方面，认为“学生有实践培训课程时，可以随时找教师指导”的教师占比为 32.6%，表示跨境电商专业基地缺乏专业的指导教师的老师的占比为 66.2%。数据显示，跨境电商专业基地教师指导率普遍较低，跨境电商专业基地管理机制需要得到进一步的完善，只有这样跨境电商专业基地教师的指导率才能有所提升。

调查结果表明，在跨境电商专业实训基地建设的维度上，实训基地使用效率、实训基地建设的规模、实训基地教师的指导率以及设备和软件更新程度都普遍较低，跨境电商专业实训基地建设亟待加强。

(五) 专业管理和评估机制

在跨境电商专业评价计划的标准度与清晰度方面，表示比较满意的教师占比为 45.8%，表示只有部分方案符合要求的教师占比为 54.2%，所以学校仍需对计划进行相对应的改进和完善，以达到更加清晰化和规范化的要求。

就跨境电商专业评估机制的有效性对专业评估指导的影响而言，表示专业评价机制可以表现教学的不足的教师占比为27.7%，表示专业评价体系有时能有助于教师发现教学中的缺陷的教师占比为38.6%，认为专业管理与评估机制的引导效果不够乐观的教师占比为33.7%；在专业评估的激励效果方面，认为专业评估机制有效地激励了他们的教学工作的教师占比为30.1%，认为专业评估机制只是偶尔激励他们的教师占比为44.6%，认为专业评估机制并没有激励他们的教师的占比为14.5%。数据显示，跨境电商专业评估机制的整体有效性不显著，需要进一步完善。

从跨境电商专业评价反馈及时性来看，表示专业评价结果反馈很及时的教师占比为53.0%，表示专业评价结果的反馈速度能够接受的教师占比为32.5%，表示评价结果相对较慢的教师占比为14.5%。结果表示，专业评价结果的反馈及时性相对比较理想。

调查结果表明，从跨境电商专业建设的专业评价维度，除了跨境电商专业评估结果的反馈及时性比较理想外，专业评价方案的清晰度及可行性都不太乐观。

第三节　高职跨境电商校企合作影响因素评价分析

研究表明，湖南省高职院校跨境电商专业建设仍不够充分，此部分将从5个维度分析湖南高职院校跨境电商专业建设中的不足，并对存在的问题加以反思，由此讨论出相应的对策，为解决问题做好理论准备。

一、专业定位缺乏全局观，窄化了职业教育的功能与内涵

联合国教科文组织在相关文件中将专业教学的内涵分论为三个角度：专业教学是一般教育的一个组成部分；专业教学是为就业领域的从业所准备的一类方式；专业教学是继续教学的一类角度。在跨境电商专业建设进程当中，湖南省高职院校忽视了学生的核心能力教育、道德修养教育和继续教育，将职业教育视为就业教育，这缩小了专业教学的功能和内涵。

（一）专业培育指标中对学生的重要水平不够重视，束缚学生职业发展

在湖南省高职院校跨境电商专业的“沟通、表达、协作”等重要能力的培育角度中，表示重要能力的培育是培育指标的刚需的教师占比为51.8%，表示这一要求并不明显的教师占比为26.5%，认为不符合培训目标要求的教师占比为18.1%。这显现了湖南省高职院校跨境电商专业的培育指标对学生核心能力的培养不够重视。

在分工日益精细的当今社会，专业岗位不再是专业的同义词。岗位不仅会涉猎相关职业知识，还要求学生从专业群体知识结构中拓宽专业知识的外延，获取与专业相关的必要

信息。此时，学生的沟通能力、表达能力等有利于协同合作的个人技能和团队精神就显得更加重要。这类广泛的有识群体和职业水平密切相关，学生在就业中必须具备的基础技能是学生的“关键能力”。在有针对性的分析市场需求之后，可知企业对跨境电商的专业人才需求由高到低主要分成 4 个层面：品牌策划及开发型人才、网站运营管理者、技术开发型人才、普通操作人员。在此之中，一级人才（品牌策划及开发型人才）和二级人才（网站运营管理者）通常很难通过学校培训直接获得，三级人才（开发人员）需要较为高的职业知识，与湖南省高职院校跨境电商专业人才培育指标的需求不相吻合。因此，从跨境电商专业人才培育角度看，高职院校只能提供第四类人才（基层操作人员），其对应岗位一般为交易员、操作员、网络管理者、硬件维护人员、销售人员、营销与运营人员及数据分析人员等。

湖南省高职院校对学生关键能力的培养不够重视，一定程度上制约了在校学生的职业发展。主要体现在两个方面：一方面是高职院校对学生关键能力的培养不够重视，限制了学生职业选择的宽度和广度。企业人才需求的第四层次中，在基层人员的需求方面，企业通常不要求求职者具备特殊的职业素养，但是需要求职者有几个职位的应聘水平，以满足工作人员的需求结构调整的灵活性。因此，对“一专多能”复合型人才的需求相对高，而高职院校忽视了学生的关键能力的培养，这会对毕业生就业产生较大的不利影响。另一方面是学校对学生关键能力的培育不够重视，限制了学生职业发展的深度。随着科学技术的进步，知识的横向链接越来越紧密。不同专业学生经常从事同一职业，专业与学科的交织在现实工作中趋同。一个成功的职业发展者总是从一个岗位换到另一个岗位，需要有良好的岗位胜任力，这要求以专业的“宽度”作支撑，即职业发展者需要有广泛的专业知识面。因此，如果学校对学生关键能力的培育不够重视，这会束缚学生未来的职业发展。

（二）专业培育指标中，学生进一步深造的需要被忽略

在专业培养目标方面，唯有 10.8％的教师表示高职教育是“为未来学习做好预备”，24.1％的教师认为“为未来学习做好预备”为高职教育培育指标的一分子。此外，65.1％的教师表示“为学生未来进一步学习做好预备”非专业培训指标的内容。这表示在教师的专业培训指标中，大部分教师忽略跨境电商专业学生继续学习深造的需要。

笔者在深入访谈部分跨境电商专业骨干教师的过程中也发觉了这一缺点。比如，当一些高职院校的教师提到“学生毕业后的总体发展情况”时，A 学校的 A 教师说：“什么都可能做，做（网站）设计、网店销售与运营、物流、客服、自己创业。”

A 学校的 B 教师说：“通常做一些基础的技术工作或数据分析工作，有的可以进入公司做网站编程。”

B 学校的 C 教师说：“有更多的学生毕业后在做客服，因为我们和 XX 公司有合作协

议。他们将直接邀请我们学校的学生，也有一部分学生毕业后做文案写作和秘书工作。”

C 校的 D 教师说：“当今就业比较容易。”我们需要学校的推荐信。因为我们学校十分重视学生的就业率，一般来说可以帮助学生找到一份好工作。

在接着谈到“高职院校学生继续学习”的相关问题的时候，C 学校的 D 教师说：“学校在谈就业率时，最好是谈论一些与专业岗位相关的知识点，其他的知识点取决于学生的理解。”

从交流中能够看出，跨境电商专业的教师对学生的继续学习不是特别重视，认定这是一个“大学”和学生“理解”的问题。这说明高职院校没有为跨境电商专业学生继续学习创造良好的客观环境，以至于专业教师也忽略了高职学生继续学习的实际需要。

联合国教科文组织在《关于技术和职业教育的建议书》中指出，“职业教育是继续教育的一个方面”。为避免学生的职业发展受到限制，高职院校跨境电商专业需要将继续学习纳入学生的培育指标和计划之中。

首先，由于缺乏进一步学习的准备，高职学生将错过进一步深造的机会。假如高职院校跨境电商专业在培育指标和培养计划上不重视学生的持续学习，相应的理论和技能知识教学就会比较匮乏，使学生在进一步提升学历的进程中缺少必备的基础知识，以至于错过了持续学习的机会。

其次，缺乏继续学习的准备，高职学生将面临职业发展中被边缘化的问题。在现代社会，企业对从事相关职业的人员的专业知识水平要求不断提升，学生在职业发展的进程中也会遇到知识瓶颈，因此需要进一步拓宽知识的广度和深度，这是现实职业发展的真实需求。假如学生在职业院校学习时没有有意识地理解和储备相关知识面（知识群），难以应对职业生涯。

(三) 以就业教育论职业教育，窄化了职业教育的功能取向

在湖南省高职院校跨境电商专业培养目标的测评中，89.8%的教师认为对该专业学生的“培养目标就是就业”，只有 10.2%的教师认为就业只是培养目标的一小部分。这一数据表明，在做目标定位时，该校跨境电商专业以就业教育思想为导向对学生进行职业教育的倾向极为严重。

高职教育是人力资源的重要供给源，其功能作用不能被忽视。仅从这一角度来看，“职业教育就是就业教育”的命题似乎具有一定的合理性，毕竟为社会提供人力资源也是其功能之一。然而职业教育的功能却绝不能被就业所框定。职业道德培训、文化知识、科学技术学习等，都是其应包含的不可或缺的组成部分，对提升学生的职业素养、拓展学生的就业空间，甚至学生进入社会后所能达到的职业高度都具有重要影响。教育的复杂性决定了教育功能的多样性。由于教育对象的特殊性和复杂性，任何一种教育都不应该从机械

的角度予以评价。教育功能的实现是以教学内容、教学方法、教学管理、教学评价等条件为外部因素，通过外部因素的激励条件改变学生内部因素的过程。教育功能实现的复杂性表明，教育功能的输出是难以分离而单独存在的，而输出的功能在特征上应该具有教育功能的基本特征，即其功能在外在表现形式的方向上必须具有同等性的特征，而在功能的内在需要上则具有结构性互补的特征。故把职业教育与就业教育联系起来，会弱化和窄化职业教育的功能。

二、专业课程设置缺乏系统性，知识建构有效性偏低

系统性的专业课程设置有利于课程实施的完整性与有效性。调查显示，高职院校跨境电商专业在专业课程设置上缺乏系统性，导致专业知识建构和专业基础课程、专业核心课程的效果不够理想。

（一）课程内容过于宽泛，导致核心课程建设不足

跨境电商专业课程内容涉及面较广。调查结果显示，68.7%的该专业教师认为目前设置的课程内容“可以反映本专业主要知识”；31.3%的教师认为“课程内容能代表部分专业的主要内容”。这表明目前设置的课程能够涵盖本专业的主要知识点。

然而，在针对专业课内容教学难度的调查当中，表示“教师可以把课程内容教给学生”的教师占比只有30.5%，表示无法完成这一教学任务的教师占比也达到了30.5%，29%的教师持中立态度。这说明他们可以部分完成这项教学任务。数据显示，教师对“教师能把课程内容全部教给学生”的自信心不足。部分教师自信心不足的原因主要有两个：第一个原因是教师掌握的教学技能不够扎实，导致教学效果下降。第二个原因是教学内容颇多，教学重点不突出，导致教学任务难以完成。通过以上逻辑分析，我们不难发现，即使课程的内容已经达到了教学的要求，但在课程内容的教学过程中教师同样很难满足“很好地把课程内容传授学生”的要求。

专业核心课程的设置为的是解决“学生将来能做什么”的问题。其课程内容往往会对本专业毕业生具有什么样的竞争优势起到决定性作用。课程内容的安排则是为了解决“学生学什么”的问题。在对高职院校跨境电商专业课程内容选择和核心课程建设进行的调查中，我们发现，虽然不同的高职院校在课程内容选择和核心课程建设方面有很大的差异，但从总体来看效果并不乐观，主要体现在：

一是课程内容繁多，导致知识开发的深度不够。

高职院校培养的是技术应用型人才。知识开发的深度不足会导致学生在实践训练过程中“知其然、不知其所以然”，实践训练的效果会大大降低。

二是核心课程设置不够明确。

跨境电商专业发展的方向特征不明显。跨境电商专业具有多学科背景，涉及计算机、国际贸易、电子商务、管理学、市场营销、物流管理等专业。高职院校应把握核心课程的发展方向，以专业方向的优势赢得市场才是最佳选择。如果通过求全的教学方法来提高就业率显然是不太明智的。

三是繁多的课程内容与有限的教学时间之间的矛盾。

相对而言，考虑到就业需求，大部分高职院校会在第三个学年的大部分时间里安排学生参与顶岗实习，和本科院校不同，高职院校更注重实训课程和学生动手能力的培养。所以有限的教学时间主要是集中在第一学年和第二学年，这样一来时间紧且任务重，加上核心课程的定位又不清楚，导致跨境电商课程的教学效果不尽如人意。

通过进一步与D学校的教师进行交流沟通，我们获得了一些更加有价值的信息。通过其中的一个典型案例，我们可以更加清晰的了解事情的真相。

典型案例：对D学校E教师关于“课程建设情况”为主题进行了深入采访，他分享了关于学校课程建设的宝贵经验。他们学校在开设跨境电商专业时考虑了专业定位问题，主要观点是技术与商务并重，要培养既懂信息技术又懂商务的“技能复合型人才”，所以在课程设置时，涵盖了计算机科学、电子商务、物流管理、英语、国际贸易等相关课程，直到学生读大二的时候，才发现基于高职学生的自身能力，根本不能完成所有的课程，尤其是计算机相关的课程，当学习到一个更深层次的时候，通常需要较强的逻辑思维能力和更高的英语水平，很多学生在学习过程中明显感到难以掌握相关知识。在无法投入更多课时让学生继续深入学习的背景下，学校不得不“切断”数据库、“ASP技术”、“C语言编程”等课程，所以学生学习的技术只停留在表面，更别说将这些非核心知识真正应用到将来工作中去。为此，学校关心学生的就业问题，不得不在第四学期开设文案写作、营销、数据分析等课程，让学生掌握一项技能，但这些课程开设后时间紧任务重，无法与学习了三年的“商务秘书”和“市场营销”专业学生竞争。

高职院校的课程设置旨在培养复合型人才，但未能从实际情况出发，结合学校自身特点、针对学生实际需求进行设计，因而课程内容往往太过宽泛，核心课程重点不够突出。

（二）课程衔接不紧密，使得知识建构的有效性偏低

调查结果显示，跨境电商专业的课程结构在时间维度上的安排并不合理。在接受调查的教师中，认为课程在“时间维度的顺序和课时数量的安排合理”的仅占19.3%，而认为课程结构在时间维度上不合理的教师和认为其需要改进的教师则分别占比26.1%和44.6%。

在专业课程结构逻辑维度上，调查结果显示课程结构在逻辑上没有紧密联系。在接受调查的教师中，有约五分之一的教师认为“课程结构在逻辑维度上衔接有序，互操作性

强”，认为课程结构未能体现上述特征的教师超过三分之一，而有近半教师认为衔接与互操作的课程结构需要加强。从课程的逻辑联系来看，高职院校电子商务专业课程的逻辑层次感不强，从整体情况而言，课程所授知识的整体建构不够及时、逻辑性不强。

课程设置的逻辑层次感较弱容易削弱教学过程中知识的可传递性。课程之间缺乏层次和传递，会阻碍学生知识的获取和知识的可持续发展，影响教学效果。因此应该将课程具体内容与学生的认知特点有效结合作为参考对课程予以规划，以便使所学内容贴合学生最近发展区，令学生的知识面获得有效延伸。

课程建设是一个方法与应用相结合、理论与实践相结合的相互作用的过程。课程整体建设的总效益远大于单个课程的总和，并且具有立竿见影的效果。知识整合能够推动整体效应的涌现。基于以上因素，倘若课程建设缺乏整体性规划，知识整合不足，学生在学习和吸收专业知识的过程中会面临积极性降低等问题，无法达到预期的学习效果。

三、专业师资建设的“实力”欠缺，教师发展的“后劲”不足

经济学中将所有用于创造财富的生产要素都称为资源。人力资源通常以数量和质量来描述，是经济学范畴中所有资源里的第一资源。

专业建设中所指的人力资源即是专业师资队伍的建设。调查结果显示，高职院校跨境电商专业的教师数量尚不能够满足教学需要，师资培养效果仍然有向上提升的空间，师资结构质量也有待进一步提高。

（一）双师型教师所占比例偏低，职称结构不合理

根据问卷调查的统计数据，可以获知有关高级职称教师、“双师型”教师、高学历教师所占比例的信息。

高职院校跨境电商专业拥有本科以上学历的教师占其教师总数的83.7%，基本符合要求。2021年，教育部在其发布的文件中明确提出高职院校设置相关专业应确保高级职称专任教师比例不低于30%、“双师型”教师占比不低于50%。调查结果显示，目前具有高级职称的教师占专任教师总数的14.7%，“双师型”教师比例为专任教师总数的41.2%，均未能达到教育部提出的目标。高级职称教师和“双师型”教师严重短缺。高职院校跨境电商专业的教师职称结构急需优化，“双师型”教师的梯队建设形势非常严峻。

具有高级职称的教师占比不足，将限制跨境电商专业的正常发展。高级职称教师掌握着跨境电商专业的发展方向，是跨境电商专业师资中具备优秀教育能力的骨干。缺乏具有高级职称的教师是缺乏专业领军人物的表现，这会造成本专业因缺乏强劲的牵引力而发展受限。

“双师型”教师在专任教师中占比不足，将减少理论教学与实践教学之间的联系。“双

师型”专业教育的基础是职业院校教师所具备的知识、技能和素质。从本质上看，这不仅是“教师”和“工程师”的简单线性叠加，综合专业能力的发展也渗透到专业技能知识和教学技能知识的传递过程中。由此可见，这是各种知识和技能融合的体现。“双师型”教师的特殊性使他们在教育过程中可以将理论知识与实践技能娴熟地结合到一起，有效地运用教学技能，帮助学生在亲身体验中逐步获得专业知识。但是，如果“双师型”教师在专任教师中占比较低，不得不以非“双师型”教师来替代其授课，将大大降低教学过程中理论与实践的联系，学生的理论学习和实践训练可能难以达成教学目标而与预期效果相差甚远。

（二）学生与教师的比率偏高，专业教师总体数量不足

在高职院校跨境电商专业教师人数方面，认为“专业教师人数满足教学需求，师生比例合理的教师占比只有 13.6％”，认为教师人数不足，需要补充的教师占比为 86.4％。

从问卷调查统计数据可以看出，在被调查的湖南省高职院校中，如果按照教育部 1∶20 的相关要求，目前专职教师与在校学生的比例偏低，甚至相距甚远。将实际教师与到期教师进行比较后发现，实际教师与到期教师的比例接近 1∶2，即一名教师承担了应由两名教师承担的教学任务，说明高职院校跨境电商教师的数量严重不足，尤其是专业英语和计算机相关课程的教师严重缺乏。

专业师资能力在“量”这一层面的保障是指专业教师数量上的保证。有足够数量的教师是学校教学活动正常进行的基础。专业教师数量不足将会影响到教学活动的系统性开展，主要有以下两个方面的表现。

首先，专业教师总体数量不足会影响教学活动的创新。

顾名思义，创新是事物产生和发展的能量之源。教师作为创新教学活动的重要参与者，也是创新理念的实践者。教师数量不足，不但会削弱主体结构的创新能力，而且由于教学时间紧张、任务繁重，教师的创新时间被严重压缩。这些因素会导致教师在教学活动中难以实现创新。因此，在高职院校跨境电商师资总量中，应尽快补充专任教师数量，以满足日常教学和专业发展的需要。

其次，专业教师总体数量不足会影响教学活动的效果。

高职院校及其相关专业的生存和发展主要体现在教学活动上。教师是教学活动的引导者，也是学校或专业培训项目的实践者。教师数量的短缺使其他教师的教学任务繁重，但人的时间和精力是有限的，教师即使是在尽心尽力教学，也很难达到良好的教学效果。

（三）教师对培训满意度不高，自身发展“后劲”不足

就高职院校教师参加培训活动的效果而言，26.5％的教师认为培训对自己的帮助很

大，高达60.2％的教师认为教师培训对自己的帮助还不是非常明显，另有13.3％的教师认为教师培训活动对自己没有什么帮助。这表明教师培训活动获得的效果并不乐观。

高职院校教师E在谈到教师进修的情况时说，一些年轻教师一开始很感兴趣，后来也不愿意去了。他们认为参加完培训活动回来也不会有太大的帮助。由于培训效果一般，加之年轻教师教学任务繁重，故年轻教师参加培训的积极性不高。因此，学校只能安排教学任务较轻的教师来完成这个“任务”。事实上，这种学习活动对我们的教师并不是很有帮助。主要讲授一些教学理念和新的教学方法。起初，这听起来很新鲜。但是仔细想想看，我们从事教学十几年，已经探索出一套适合自己的教学方法。新的理念和新的方法用了几天后，我们还是会回到原来旧的程序，有时候觉得“师学”变成了“师会”，这似乎成了每个高职院校都遇到的情况。

“教师培训”转变为“教师会议”，这似乎是新教师不愿参与的原因。但从根本上讲，还是因为教师继续教育学习的效果并不理想，对教师没有吸引力。教师培训是教师队伍建设的重要组成部分。培训效果不佳将直接制约教师的个人发展和教师队伍的建设。

一方面，教师培训效果差会导致教师队伍建设缺乏“耐力”。教师培训学习的效果不但关系到教师个人的成长，而且关系到教师队伍的可持续发展。导致“低效”学习的两种可能性也会通过教师个体的积累及其参与对教学群体的心理产生影响，进而限制教师队伍整体的建设发展。

另一方面，教师培训效果差会阻碍教师的个性发展。辩证法认为，内因是事物变化发展的基础，外因是事物发展变化的条件，外因通过内因发生变化。针对教师的培训活动是教师发展的外因，教师的主观意识是教师发展的内因，事物的变化是“效果差”，说明这种变化可能有两个原因：一是内因的消极性；二是外部因素的无效性。换言之，教师在主观态度上的排斥和客观活动上的无效性都可能造成培训效果不能达到预期的结果。其结果最终会影响教师的个人发展。

（四）专业评估机制效果不佳，专业发展动力系统疲软

专业评估机制是专业发展动力的源泉，制定和实施评估的过程如果不够科学、合理、有效，会削弱教育工作者的发展积极性，可能导致专业人才流失，甚至造成专业发展上的停滞。专业评估机制只有科学、合理、有效，才能引导专业朝气蓬勃、充满活力地朝着更快更好的方向发展。

专业评估方案的清晰度主要分为三个方面：第一个方面是专业评估内容的清晰度。专业评估内容的清晰度不仅是评价者的评价依据，也具有方向把控特征，是专业教师教学活动的行动指南。第二个方面是专业评估过程的清晰度。专业评估过程分为定期检查和随机抽查两部分。为确保评价过程的清晰性，应计划并在完全透明的情况下进行定期评估。在

随机检查中，随机检查的结果应及时公布。第三个方面是评估结果要清晰。评估结果清晰意味着不仅要清楚地表明评估的结果是什么，即对评估的对象进行总结性评估，还要在精准分析后清楚地描述评估对象的现状并针对发现的问题给出相应的改进措施。

专业评估方案的标准化主要包括三个方面：第一个方面是评估方案制定的标准化。这主要是指制定方案的广度和主要范围。制定方案的广度是否满足要求，通常通过内容的有效性来检验，主要范围的标注主要取决于权重的合理分配。第二个方面是评估过程的标准化度量。测量标准化，包括测量工具的选择、测量方法的应用、测量信息的收集和整理，这是评价方案的实施环节。第三个方面是对评估结果进行标准化统计和分析。在评估过程的最后，需要对测量结果进行排序并得出相应的结论，因此有必要对测量结果进行统计分析。

专业评估方案的明确性也包括三个方面：第一，专业评估内容的明确性。专业评估内容的明确性不仅是评价者的评价依据，也是专业教师教学的行动指南，具有导向性和指导性。二是专业评估过程的明确性。专业评估过程分为时间维度，应分为常规评估和随机检查。为了保证评估过程的明确性，日常评价必须有计划、透明。对于抽查，应及时公布抽查结果。第三，评估结果应明确。评估结果应明确，并具有双重含义。不仅需要明确指出评价结果，即对评价对象进行总结评价，还需要进行分析，明确描述评估对象的现状，并给出今后的改进措施。

高达51.8%的教师表示在跨境电商专业评估方案的规范性和清晰性方面，对考核方案的内容不是很了解，同时也不清楚评估方案是否规范。

D校的G老师说：教务处会不定期安排教师听课。通常来说这不会影响教师的工作绩效，听课结果也没有后续沟通或反馈。

D校的H老师说：上级部门有时会来学院检查工作，领导会让我们准备一些相关资料，但从来没听说我们专业有相关的评估。

F校的I老师说：我们学院的评估比较规范，一般都是分管的副院长负责，期末的时候根据相关考勤来核算绩效和奖金。

从以上访谈内容可以看出，大部分教师认为评估就是“听课”“上级检查”或“技能比赛”等。评判标准是否规范是以“绩效”和“奖金”的发放情况作为参考的。有些教师甚至认为把每一堂课都教好就是教师的基本职责，而忽略了评估方面的相关事宜。这些情况都反映了教师对专业评估的内容和规则没有清晰认识的事实。

上述调查和访谈结果表明，高职院校跨境电商专业在评估方案的规范性和内容的清晰性等方面都不能满足相关要求，尚有较大的提升空间。

专业评价是人们正确认识专业建设的范围、目标、要求和标准的重要途径，能够进一步规范专业建设的流程和方法，促进专业建设组织和人员之间的相互合作，形成专业建设合力，提高专业建设效率。专业评价机制的激励措施是引起组织和人员对专业建设的重视，促进各要素之间的相互合作，是形成不同角度专业建设合力的重要保障。如果专业评价机制的激励措施不合适、激励效果不理想，会影响组织和员工参与合作的积极性，无法形成专业建设的合力。

竞争机制是市场机制的重要内容之一。只有充分认识外部激励（如经济利益）的有效性，才能使竞争对手积极主动地参与竞争，使竞争的内在驱动力得以形成。专业评估为组织与教师、教师与教师之间的相互学习搭建平台，形成公平竞争的机制。但是，如果没有有效的激励措施来建立理想的激励效果，组织和教师就无法产生足够的外部激励效应，以积极的态度参加比赛，达到专业评价激励先进的效果。

在专业评价的指导作用方面，认为专业评价不能使教师了解教学中的不足的教师占比为 33.7%，认为专业评价有时能帮助教师发现教学中的不足的教师占比为 38.6%。在专业评价的激励效果方面，认为专业评价机制只是偶尔激励自己的占比为 44.6%，认为专业评价机制根本没有激励自己的教师占比为 14.5%。从以上数据显示，跨境电商专业评价机制整体有效性不显著，评价机制有待进一步完善。

通过激励机制促进职业发展是职业评估计划的最终目标。以上数据和调查结果显示，跨境电商专业评估机制的激励效果并不理想，专业评估的目的没有有效实现，会导致专业发展动力不足。

(五) 专业基地建设滞后，影响学生实操能力

在专业基地建设规模方面，62.6%的教师认为现有的跨境电商专业基地无法满足教学需求，37.4%的教师表示现有的跨境电商专业基地只能满足一部分教学需要。在专业实训基地利用率方面，68.6%的教师认为学生在跨境电商中使用专业实训基地的机会受到严重限制，另有占比 31.4%的教师认为学生有时可以更多地使用专业实训基地进行学习，这种情况并不常见。在跨境电商专业实训基地的教师指导率方面，认为专业实训基地缺乏专业教师指导的教师占比为 66.2%，认为“学生在上实训课的时候可以随时找教师指导”的教师占比为 32.6%。在专业基地设备更新程度方面，认为现有设备不能满足现代岗位发展的需要的教师占比为 39.8%，认为只有部分设备相对更新的教师占比为 50.6%，认为“专业基地的设备更新符合发展的需求”的教师占比为 9.6%。

此外，在对湖南省部分高职院校的进行深入观察和访谈后，笔者发现，在被调查的高职院校中，只有一所学校建立了跨境电商专业实训基地，反映出学生的实训基地严重不足的教育现实。

作为培养学生实操能力的重要场所，专业实训基地的建立旨在培养合格的技能应用型人才和一线管理人员，因此专业实训基地的建设对于高职院校来说极为重要。专业实训基

地建设滞后，难以与教学目标相匹配，将严重影响学生实践能力的培养。

高职院校跨境电商专业实训基地建设规模不足以满足教育需求，客观上限制了学生实践能力的发展。学生借助专业实训基地定期学习从而提高实际操作能力的客观条件不完善，极大地影响了提高学生实践能力的教学目标的实现。

高职院校跨境电商专业忽视了学生的实际需求，专业实训基地没有得到充分利用，客观上也限制了学生业务能力的发展。高职院校跨境电商专业涉及多门学科，本着“求大求全”的理念，学院对跨境电商专业虽然进行了多方面、多层次的研究总结，但对“一专多能”含义的曲解，使跨境电商人才培养在教学认识上被泛化，缺乏以理论丰富实践的行动指南，学生的实际需求被忽视。此外，主观条件限制了学生实践能力的发展。高职院校的教师出于对设备资源的安全性考虑，而忽略了管理方面的灵活性，这实际上限制了学生使用专业实训基地的频率。

高职院校跨境电商专业实训基地的教学指导效果不够理想，限制了学生实际操作能力的提升。一方面，高职院校跨境电商专业学生的实践学习环境不同于制造业或维修业的实践学习环境，生产基本不存在安全风险。在实践教学环节中，大多数教师长期处于“人机对话”环境中，运用教学技能传播教学知识和管理学习环境的能力仍然不足，导致教学效果不佳。另一方面，在跨境电商专业培训课程中，大部分学生使用计算机操作方法，学生对计算机的兴趣较高，教师无法得到学习效果的及时反馈，导致指导率较低。

高职院校跨境电商职业实训基地设备升级速度缓慢，影响学生实践能力培养。近年来，跨境电商行业蓬勃发展，相关软硬件“推陈出新”，提升速度加快，相应的工作要求也发生了变化。如果高职院校未能随着时代的发展而改进教育内容，学生实践能力的提升将会受到严重的影响。

因此，通过对以上的数据分析和调查的结果，可以得出跨境电商专业实训基地规模、实训基地使用效率、实训基地教师指导率、设备及软件更新程度都普遍偏低的结论，跨境电商的专业基地建设亟待加强。

第四节　高职跨境电商校企合作优化策略探讨

随着网络经济大型市场的发展壮大，跨境电商作为新生行业在拥有强大市场生命力的同时，也面临着一些新的考验。通过对高职院校跨境电商专业建设的评估，能够发现目前行业内普遍存在的问题。针对这些问题，本节拟从专业设置、课程建设、师资建设、专业实训基地建设和专业评价五个方面探讨相应的优化措施，以期提供切实可行的解决方案。

一、供需双向驱动：构建以服务为宗旨的人才培养模式

供需是微观经济学中的基本概念。这里主要指高职院校在“以服务为宗旨”的办学理念指导之下，结合行业所需人力资源方向，从学生学业发展和职业成长两个方面对高职院校学生进行一体化教育的行为。材料分析的结果显示，高职院校跨境电商专业设置目前存在困境，主要体现在以下两个方面。

第一，职业培训定位难。从跨境电商的专业背景来看，跨境电商所涉专业领域有电子商务、管理学、数据分析、物流管理、计算机、营销、国际贸易等。专业背景繁复，内容庞杂，学生需求不同，很难选择专业方向。从市场需求角度看，写“招聘跨境电商专业人才”的企业很少，但很多企业需要的是内部管理、国际贸易、网络信息技术、金融、市场规划、数据分析等岗位的跨境电商人才，形成专业需求岗位的隐含特征与高职院校专业定位所要求的特定专业与特定岗位相一致的原则相矛盾。跨境电商的专业定位变得模糊。

第二，学生更难获得发展。学生发展的过程包含两层含义，在职业发展层面，由于专业课程知识面过广，所学内容只能停留在知识的表面，影响了职业生涯的深入发展；在学业发展层面，同一专业学生在不同学校习得的专业属性和知识结构有很大差异，这样的高职院校跨境电商专业教学现状给该专业学生继续学习带来了压力，学生很难找到与他们在自己毕业院校学习的相关知识一致的院校继续进行学习。

那么，如何从市场供给角度构建满足行业人才需求的核心竞争力体系，如何根据学生的发展需求构建高职院校跨境电商一体化教学模式？

高职院校需要培养具有初级应用技能的专业技术人员和一线管理人员，但这并不意味着企业对高职院校毕业生的职业要求会降低。在公司看来，所有职业技术人员在被录用前都必须满足“胜任工作”的要求。因此，在知识经济快速发展的今天，高职院校需要找到自己的角色定位，使跨境电商专业具有与行业要求相匹配的知识结构，使他们的发展教育特色获得行业认可和被企业接受。要提高毕业生在行业内的核心竞争力，需要做到以下几点。

一是积极探索，结合学校自身特点寻找符合本区域发展程度的产业领域。高职院校根据区域经济发展的需要，结合学校自身特点和具体情况，对社会各行业予以广泛的调查研究，构建高职院校跨境电商一体化的教学模式，既能服务于本区域经济发展，又能完成与跨境电商行业发展相适应的专业人才培养任务。

二是以行业需求为抓手，积极淘汰效果差、与行业发展关联性弱的课程，设置更有针对性的课程。高职院校跨境电商相关知识往往存在内容过于宽泛、研究缺乏深度的弊端。在课程结构上，学校要适当进行“裁减”，淘汰实际教学能力差，教学实力不过硬，与行业关系不密切的课程，让学生在学习中能够“甩掉包袱，轻装上阵”。

三是构建适应职业技能和行业发展需要的新课程体系。高职院校应根据学校发展实际，创建新的课程体系，与所在行业的相关企业充分沟通，使课程设计和企业岗位要求相适应。

四是以“边做边学”为理念，寻求行业支持，积极向行业内部进军。高职院校应积极与行业内企业合作，组织学生到公司现场体验工作氛围，熟悉工作内容，了解岗位实际需求，找到所学知识与自身技能的结合点，让理论与实践有机结合，施展自身才华。这样做能让学生充分了解企业与职业环境，同时也能让企业更全面地掌握学生情况。

五是实施双重考核制度，确保学生在专业知识学习和实际操作能力两个方面协调发展。在实施行业供给模式跨境电商人才培养定位的前提之下，打造满足跨境电商专业发展和学生全面成长需要的动态评价体系，构建学生在学校与企业的双重考核体系下专业知识和实操能力协调发展的保障机制。

二、集群式专业课程建设：确保学生关键能力与职业能力协调发展

高职院校跨境电商课程涉及领域广泛，但其内容逻辑层次模糊，课程之间缺乏知识上的紧密关联，这不利于学生在专业知识与实际操作能力两方面的协调发展。因此，有必要从高职院校跨境电商专业发展和学生个人素质提升等角度，实施集群培养计划。集群模块课程应以“宽基础、活模块”为基础，分别强调学生专业知识和实操能力的发展。“宽基础”模块以多个相关专业为背景，从中选取通识知识，构建较为完整的“宽基础”知识模块，为学生的职业选择和后续发展打下良好的基础，培养其“关键能力”。“活模块”根据学生近期发展情况和专业岗位特点，开设强调教学质量、技能学习、以技术水平提升和工作岗位资格取得为主要目标的“活模块”课程。“宽基础、活模块”以学生的认知能力为出发点，分别实现“关键能力”和“专业能力”的培养，在学生发展过程中强调全方位专业能力的培养。学生从专业能力、方法能力和社会能力三个维度可以实现自身的全面可持续发展。

（一）关注全职发展和关键能力建设、学生共同技能培养

“宽基础”层面的教学内容，应当包括“面向所有专业的公共课”和“面向单一专业或多个相近专业的公共课”。这样做的优势在于能够有效实现知识与技能的再结合，确保教育保持较高水平，为高职院校在校学生“关键能力”的发展提供必要环境。在开展教学活动时，要充分调动高职学生的主观能动性。主观能动性是“重要能力”存在的前提。主观能动性是学生对外部事物的感知、认识、体验、应用的内在因素，决定了学生角色的方向和定位，为后续的发展学习提供内发性动机。主观能动性是学生“核心竞争力”不断发展的根本动力。能力的发展是个人身心发展的重要组成部分。主观能动性作为学生个人发

展的内因，在与客观知识和工作环境相协调的情况下，能够帮助其原有的“关键能力”不断发展，这对高职学生素质的转变具有决定作用。

在社会化的大规模生产、生产环节日益紧密的大环境下，市场也对跨境电商专业人才培养提出了更高的要求。随着科技的进步，社会化生产中的劳动分工越来越精细，职业类型分工越来越专业化，任何劳动成果都是许多人相互协作、共同努力的结果。跨境电商相关岗位的工作者不仅需要具备适应岗位需求的不可或缺的技能和知识，还应主动了解延伸知识，加深对本职工作内容的理解。为了使团队协作能力更强，这些延伸知识也必不可少，这类技能就是通常所说的“关键能力”。因此，高职院校培养跨境电商专业学生的“关键能力”至关重要。这既是协同工作中必须具备的能力，也是对学生就业后跨岗位能力的实际需求，更是学生社会发展和能力全面提升的必要保障。

（二）专业发展和职业能力训练，关注学生专业技术的提高

高职院校实现“职业能力”的培养目标体现在学生专业发展成效上。市场和行业内企业对高职院校毕业生的客观要求就是其“职业能力”，学生能力的提升是获得社会认可的必由之路。高职院校的培养指标应当将跨境电商专业课程设置与学生的个性与能力相结合，体现出更多的模块选择，服务于学生的职业能力发展，让学生通过学习必要的专业知识来提高自身“职业能力”，增加他们在就业市场上的竞争力，在就业后能够顺利完成从学习能力到社会接受能力的转变。

高职院校针对学生的“职业能力”培养与培训机构从事的职业培训有很大不同，其教育目标的关键是受教育者就业后在职业活动中体现出的实践能力和创新能力。以上，我们可以从两个方面进行讨论：首先，高职学生应体现职业道德、职业能力、方法论能力和社会交往能力四个要素协调发展的综合特征。学生应具有良好的职业道德，对岗位职责、义务比较明确，富有敬业精神；学生应具有相应的专业技术能力，懂得运用跨境电商的专业知识和技能，强调适用性和可操作性；学生应具有运用方法的能力，包括学生的学习方法和工作方法，应当具备逻辑性、效率性和多样性；学生应具有社会互动能力，它体现了学生适应和融入社会的能力，体现在受教育者的人生观和社会适应能力上。其次，高职院校毕业生必须具备创新能力，这对其发展职业能力来说是必备条件。因为创新能力是职业能力不断发展的原发性动力，而职业能力则是创新能力发展的基础。开展创新工作要以职业技能为载体，将创新思维和方法运用到岗位实践中，这一切需要建立在积累大量专业实践经验的基础上。优化和提高现有职业能力，对其进行升华，是工作者创新的直接目标，是驱动创新、提升自我的源泉。因此对在校学生创新能力的培养十分重要。

（三）实现知识涌现和课程衍生、集群式课程发展的循环优势

集群式课程能够为跨境电商专业学生实现知识方面的积累。正如霍兰德所说，崛起反

映了大的来自小的、多的来自少的、复杂的来自简单的倾向。集群式课程设计是基于从“宽基础”到“活模块”的转变，让学生从基于课本的知识学习转向基于实践的职业技能训练。集群式课程设计对系统中各个组成部分的小知识结构进行整合、总结和更新，在此过程中实现信息整体性增值。集群式课程还实现了跨境电商课程的衍生发展。集群式课程的实施，实现了课程自身的开发和衍生，也满足学生在知识和技能学习方面的需求。从“宽基础”到“活模块”的发展，将教材中的知识从理论层面发展到技能层面，并在这一过程中逐步被学生通过亲身体验内化于心。在“活模块”研究学习过程中，为了找到更全面的技能获取途径，学生形成了“新广基础系统”，“宽基础”的知识外延因此得以拓宽。在建立和发展新体系的过程中，根据技术能力提升的需要促进模块更新，激活“模块”与“基础”的过渡程序，在课堂教学中形成可循环优势。综上所述，集群式课程建设的实施既满足了学生协调发展“关键技能”和“专业能力”的要求，又获得了知识涌出和课程推导的效果，促进了课程建设。学校课程建设的相关要求因此得以满足。

三、“教学研究”相互共振：构建教师专业化发展之路

教师队伍建设在专业建设中占有十分重要的地位。究其原因，教师是专业建设中的人力资本，体现了职业建设的效果。目标的确定、计划的实施、课程设置、培训基地的建设、专业评价都离不开教师的参与。高职院校跨境电商师资队伍建设可以通过“教与学”“教与研”的互动共振过程，增强教师理论知识和实践技能，创新教师科研成果，为教师的专业发展做准备。

（一）教与学的相互共振，教师教育路径的实现

教学是师生相互依存的活动过程，其主要目的是完成教学任务。教与学的共鸣主要体现在：

教与学在情感方面的相互共鸣。情感的相互共鸣是指师生在教学过程中情感的高度一致性。两者在积极快乐的教育环境中，相互影响。教育过程不仅是一个知识传递的过程，也是一个复杂的心理过程。人的情感因素极大地影响教育效果。师生在积极、乐观、开放、快乐的环境中教育。教师对学生的关心、对教育的责任感和对知识的态度都会影响学生的成长，学生的求知勤奋、吃苦耐劳、积极向上的精神更能激发教师的责任感。

教与学在知识层面的相互共振。学生在教学活动的知识传递过程中具有主观能动性，这是实现教学任务的内在原因，在教学过程中处于主体地位。根据内外因素的辩证关系，可以看出教师的指导作用需要通过学生主体发挥。也就是说，师生在教学互动中产生共鸣，思维和谐，相互激励，合作创新。在现代社会，教师面临着许多挑战。知识的爆炸式增长颠覆了“问路在先”的传统教育理念。高职学生思维活跃，富有创新精神。他们有很

多新颖的“想法”，对教师有很好的启发和借鉴作用。教师不仅需要在教学中激励和帮助学生，更需要积极与学生一起学习，实现共同进步。

在教学过程中，情感的相互共振是知识相互共振的基础，师生只有在情感上相互认同、相互信任，才能在教学过程中达到相互学习、教与学共同重视的教学效果。

（二）教学与行为的相互共振，成就教师双师型发展之路

如果以理论与实践的关系来解释教与做，“教”是通过教学技能来传达教学内容的过程，属于理论；“做”则指教师利用实践培训基地在实际操作过程中对所授理论予以检验，属于实践。教与做的共振主要包括以下两个方面。

方法方面的教学和共振。方法互动共振是指教师在理论与实践操作过程中，将理论方法与实践方法相结合，使二者相互引导、相辅相成，形成协同效应。教师根据环境中的实际情况，运用相关教学理论分析教学实践方法，在实践过程中改进相关教学方法，进而推动教学实践改革。最后，通过理论与实践的相互影响和推进，优化理论方法和实践步骤。

实施水平的教学和共振。实施方面的相互共振是指教学中的理论步骤与实操中的实际步骤之间的有效衔接，理论意义和实践效果高度实现，理论步骤经过实践验证得以简化，实践步骤经过理论论证效果更为明显。

高职院校教师借助实训基地的临时培训机会，将所授内容（实训知识）的步骤付诸实践，使知识更具可操作性和实用性，并在实践中不断深化，更新教学内容（完善实施步骤），实现在实施方面与教学进行的共振。教学与实践的共振，让教师的知识从理论层面落实到实践当中，理论在被实践检验的过程中不断补充、创新，“双师型”教师的素质也会随之提高。

（三）教学与研究相互共振，成就教师科研创新之路

教学和科研通过课题作为承载相互联系、促进。科研的课题研究有赖于教学的进行，教学改革的实现则依靠科研的实施。教研互动的共振主要表现为：

教研之间的认知互动与共鸣。认知互动共振是指教师通过项目的实施将教学知识和科研意识带入一种兴奋状态。教学与科研通过有意识地传递产生共鸣，在发现、分析、解决问题的过程中，“教”与“研”可以相互启发、产生共鸣，更新教学观念，拓宽研究视野。教师有意识地将教学和科研以话题形式放在同一个环境中，在认知方面相互启发、激励、共鸣。生动、丰富、切合实际的教学知识为科研提供了充足的素材，而先进的科研理念、成果也能极大地丰富教学知识体系。

教学与研究方法中的共振。教师根据学科内容，在方法层面配合教学和科研实验的过程，在现有教学方法与事先设置的科研方法的交流与实验中相互启发、共同创新，被称为

方法互动共振。在制定实验方法之前，教育工作者应该概括现有的教学方法，为科学研究做准备。科学研究及其成果的最终目标是知识体系和教学方法体系的优化。教学方法和科学研究方法在继承和发展过程中具有共同的特点。教师通过研究性实验重构教学方法，促进教学方法与科研方法在配合中相互激励。严谨、系统的科学研究方法影响着教学方法的发展，教学方法的丰富性和细节性也促进了教学方法的发展。教学与科研通过课题这一媒介，实现了教学与科研的共振，既能促进教学的发展，又能满足科研的需要，实现了教学与科研的共存，使教育工作者走出一条教学与研究相结合的创新道路。

从上面看，“教、学、做、研”的相互共振由“教与学”“教与做”“教与研”三部分、四个要素构成。根据教师（教）、学生（学）、实践（做）和科研（研）的关系，可以形成“教、学、做、研”四个方面的三维模式，暂称为“教师发展模式”。从教师发展模式来看，我们可以分解成四个平台来满足教师发展的需要，即教学科研平台、教学实践平台、教师实践研究平台、学习与实践研究平台。也可以按照相互共振、相互交流、相互启发、相互促进、共同创新的理念，可分为交替教师发展模式、获得学生发展模式、科研创新模式、实践操作模式等多维发展模式。以上四种模型结构虽然功能定位不同，但相互振动，相互影响，共同推进过程。

因此，《教育研究》共振的师资建设机制，将为高职院校跨境电商专业教师专业化发展提供新的方法和思路，促进高职院校跨境电商专业建设的健康发展。

四、实训基地内外兼修：拓展“双元”基地校外扩容功能

调查结果表明，高职院校跨境电商专业实训基地基本不能满足实训教学的需要。但由于办学资金、办学环境等客观条件的限制，很难在短时间内建成校内实训基地。因此，在积极开展校内实训基地建设的同时，全面拓展校外实训基地，补充实训教学需求，具有十分重要的意义。

（一）校外实训基地建设的意义

高职院校跨境电商专业设立校外实训基地的意义有以下五点。

第一，建设校外实训基地需要完成教学目标。高职院校跨境电商专业的主要目标是掌握初级企业管理、跨境电商营销、计算机技术和物流服务等能力，培养服务于跨境电商一线的技术应用型人才。为了实现这一目标，学生需要在真实的环境和真实的岗位上熟练运用基本技能解决工作中遇到的问题，通过实际操作获得实践经验。校外实训基地是实现这一目标的最佳选择。

第二，建设校外实训基地，有利于学生更好就业。通过在校外实训基地实习，学生在生产中学习，将所学知识应用到实际工作中，实现知识的内化和重构，从而缩短工作适应

期，提高学生的就业竞争力，方便学生就业，更好地就业。

第三，校外培训基地建设有利于教师的发展和教师的补充。另外，高职院校教师可以利用在实训基地临时就业的机会，在实践方面提高职业技能，为成长为“双师型”教师做好准备。在与培训基地的合作过程中，通过人才交流，聘请企业技术骨干为学校兼职教师，补充学校培训教师的数量，满足培训教育的需要。

第四，校外培训基地建设有利于校企技术合作的发展和企业后备人才的补充。从企业角度看，与学校合作建设实训基地，不仅可以利用学校人力资源进行技术研究，还可以通过定向培养符合企业需要的高职学生，为补充后备人才做好准备，有利于企业发展。

第五，校外实训基地建设是课题研究的重要场所。校外实训基地是应用项目的“天然”实践基地，能够为应用项目提供高技术支撑和相对稳定的研究环境，有利于项目研究的正常开展。

（二）校外实训基地建设原则

第一，稳定的原则。作为教育资源的一部分，校外实训基地需要相对稳定的技术和场所来支持教育和培训政策的制定。从安全角度来看，也需要相对稳定的训练场。学生安全是教育管理的重要对象，相对稳定的校外实训基地将在学校技术和环境两个方面提供最为安全的保障。

第二，专业适应的原则。校外实训基地的建设以提升学生的专业能力为目标，需要适应专业自身的发展。从学校的教育目标和自身能力出发，结合学生的自我发展需求，争取与相关行业领域的企业合作，促进教育的发展。

第三，互惠互利的原则。互惠互利是实训基地能够长期积极发展的有力物质支持。只有在互惠互利的基础上展开合作，才能对校企双方形成足够的吸引力，确保参与建设基地的双方共同投入、共同维护、共同发展。

（三）校外实训基地建设的主要模式

1. 企业独立投资——学校使用型

“不求全部，但求所用”是许多职业学校建设校外实训基地的指导思想。企业投资建设的工厂为学校实践教学提供了物质基础。企业投资建设实训基地，除了企业管理者自身觉悟较高、对职业教育高度重视，还包括其他原因。出资建设实训基地并交由学校使用，企业可以借此提高自身知名度，提升经济效益。还有一种可能性是，企业从人才培养的角度出发，在向校方提供实训基地的同时，也为企业储备必要的人力资本。

2. 校企（校）合作投资——共同使用型

校企合作和校校合作共同投资建设和管理的企业，也是校外实训基地的重要构成部分。校企（校）联合投资通常分为三种形式：一是校校之间合作投资自主联合办学方式。该模式借鉴德国双轨制办学经验，采用校企方式对各专业学生进行培养。二是校企之间的订单培训模式。订单培训模式主要采用学校—培训基地—企业流程，学校根据企业需求招生，学校负责理论教学，企业负责实训教学，学生毕业后按照订单要求进入企业工作。三是在行业主管部门的协调下，校企通过合作投资进行校外实训基地建设。行业主管部门从行业发展的角度思考，指导企业与学校合资共建校外实训基地。

3. 政府投资——公共使用型

鉴于学校和区域经济的发展，政府投资建设实训基地，为多所学校共同使用。政府投资建设实训基地通常是基于两种原因：一是适应学校发展需要。考虑到学校发展，政府建设校外实训基地，同时满足驻地多所职业院校的发展需要，有利于资源的合理配置，提高资源利用率。二是适应区域经济发展需要。从经济角度看，职业教育具有培养合格劳动者、提高劳动生产率和产品质量的经济功能，建立校外实训基地对职业教育的发展和区域经济增长的实现极有裨益。

（四）校外实训基地管理方式

1. 成立学校企业联合工作委员会

校企合作投资建设的实训基地，可通过成立校企联合工作委员会确定运营程序。校企联合工作委员会应当由企业厂长（总经理）、学校校长、企业人事管理部相关人员、学校教育部负责人组成。校企联合工作委员会下设工作组，通过协商等方式处理实训基地的重要建设项目。由工作组负责实施具体方案。

2. 学校企业双向评价机制的构建

为了激发和促进学生在学校和实训基地的学习与培训，学校可以制定符合专业发展要求的双向考核机制，加强学生管理和学业考核的规范性。考核可分为学校考核和企业考核两部分。学校考核主要在学校组织中进行，测试学生的理论知识和综合素质；企业考核部分由学校教师和企业相关人员共同组织开展，主要考核和测试学生的专业能力。

总之，通过校外实训基地的建设，不仅缓解了目前高职院校跨境电商专业实训基地不能满足实训和教育需求的现状，也实现了校企“双赢”的效果，满足了高职院校跨境电商专业基地建设的要求。

五、专业评价全过程反馈：启动多元合作实时监控系统

高职院校跨境电商专业的评价活动，既能衡量专业发展成效、促进专业建设，也能作为必要保障指导专业的健康有序发展。专业评价通过观察、研究、评估等方式衡量专业建设各要素的发展状况，以发现专业建设中存在的问题并提出解决方案，同时通过鼓励先

进、激励后进，促进专业建设的发展。借由程序化和最终评估的方式，专业评价对跨境电商专业的建设状况予以及时验证，形成反馈，并为专业建设的各个要素提供必要的建议引导，保障了跨境电商专业的良性发展。因此，加强专业评价机制建设，能够使高职院校跨境电商专业发展中存在的问题被适时发现，在有针对性的建议和指导下专业建设能够更为全面健康地发展。专业评价活动涉及的工作主要有以下几个方面。

1. 构建多元评价主体，实现多视角的信息诊断功能

专业评价的主体构成分为校外评价主体和校内评价主体两部分。校外评价主体由政府部门、行业企业代表、第三方评价机构等社会团体组成；校内评价主体由（学校）专业发展评价领导小组、学校教师、学生等校内组织成员组成。

多元化的评价主体从不同角度反馈评价信息。校外评价主体的评价者往往从行政、企业需求、外部观察者（理论）等角度对跨境电商专业予以评价；校内评价主体的评价者从校内专业横向比较、跨境电商专业纵向发展、学习感知等视角对跨境电商专业予以评价。评价主体的多元化视角折射是寻求事物问题本真的有效途径，通过多元化视角的诊断，学校能够明确跨境电商专业当前的发展情况，寻求有效的改善途径，提升专业竞争力，加快专业发展。

2. 运用科学的评价方法，建立过程性与总结性评价相结合的评价方案

过程性评价又称形成性评价，最早由哈佛大学的史克凡提出，布鲁姆首先应用于教育领域。过程性评价是在教学过程中进行的评价，其测量和结果能清楚地表达学生达到的程度，指出问题所在，使教学过程随时得到调整、纠正和控制。将过程性评价与专业发展相结合，利用过程性评价的及时反馈功能，不仅可以通过评价了解专业发展的实时动态，还可以进一步分析和发现专业发展存在的问题，并且通过及时调整和修正的相关因素还可以引导专业正向发展，提高发展效率，使跨境电商专业获得健康、快速发展的效果。

总结性评价也称为事后评价或终结性评价，一般是在某件事或活动结束、告一段落时，为了了解活动的具体效果与目标效果的差异而进行的评价行为。由此可见，总体评价具有三个特点：第一，总结性评价在事物发展之前，对事物发展目标进行了预设。第二，总结性评价总是事后对达标情况进行比较分析。第三，总结性评价通过测定实际成就效果与目标效果之间的差异对事物做出评价结论。

跨境电商专业评价流程将过程评估与最终评估相结合，协调专业的发展目标与流程，兼顾评价时效性，实现评价的指引和激励作用，具体体现为：设定跨境电商专业发展的阶段性目标，明确目标体系；及时反馈专业发展评价结果，考虑反馈信息的时效性；定期评价专业发展的阶段性目标，把握专业发展的整体性。

3. 建立专业评估保障机制

一是制度保障。高职院校应建立和完善跨境电商专业评价的相关制度。明确理解并执

行评价内容、评价程序、评价标准等专业评价的相关要素。

二是经费保障。经费保障是评估工作开展的物质基础，高职院校通过建立专业评估专项基金，在物资上保障专业评估工作的正常进行。

三是组织保障。专业评价开展需要政府相关部门的支持与院校领导的重视作为组织保障。政府相关部门支持高职院校跨境电商专业评价活动的方式主要有参与制定评价方案、直接参与专业评价活动并加以引导等；学校领导通过邀请企业、组织学校师生积极参与跨境电商专业评估，保障专业评估的正常开展。

综上所述，专业评价工作是有效开展专业建设工作的重要保证。构建多元评价主体获取多视角反馈信息，综合运用科学的评价方法构建实时反馈全过程化评价方案，通过构建专业评价保障机制保证跨境电商专业评价活动的顺利开展，促进跨境电商专业建设。

第七章　产教融合模式下高职跨境电商人才培养创新研究

第一节　职业教育产教融合制度创新

一、我国技能形成体系存在的问题

（一）技能形成制度变迁中利益相关者单一

利益相关者是技能形成制度的主体，在技能形成制度建构的过程中，利益相关者的多元化、力量的均衡性有利于塑造协调的技能形成制度，否则就有可能导致技能形成制度的偏离。我国技能形成制度的利益相关者比较单一，主要是政府及职业学校在积极行动，而行业、工会组织尚未起到相应的支撑作用。企业在我国的社会主义市场经济中力量强大，但正是因为其过于强大，且没有相应的企业制约机制，企业家中追求当前利益最大化者居多，很少有企业真正参与到长期的技能积累战略中来培养技术技能人才。

（二）技能投资主体的单一

企业是技能投资的主体之一，这保障了资金来源的充足和稳定。企业投资必然要求获得回报，要求技能培训内容符合自身需求，这有利于职业教育与产业发展的密切合作。在我国，技能投资的主体是政府，企业投资较少。虽然近些年国家对职业教育非常重视，职业教育财政资金支持数额一直在持续增长，但与国家对其他教育的财政投资相比，职业教育的所占比例还比较小，与职业教育的发展需求相比也还有一定差距，况且这种单一的资金来源毕竟不是长久之计。企业投资少，承担职业教育意识淡薄，参与职业教育的实践并不多，没有企业的积极参与，职业教育产教融合谈何顺畅，其培养的人才又如何能够为企业所用？

技能投资中企业这一主体的缺失，不仅影响到技能形成的资金问题，更影响到了职业教育产教融合的技能供应问题及职业教育的质量问题。①

（三）技能形成的供应内容缺乏特色

在我国的学校职业教育中，高职院校多年来的课程一直延续了学科课程的模式，其一度被认为是本科课程的“压缩饼干”，与一般本科的课程除了在数量和水平上的差异外，没有类型上的差异。这种学科式的课程模式适合学术教育的发展，而不适合以应用为目的的职业教育的发展，更与产业发展需求相距较远。

高等职业教育虽然具有自身的应用特色，一些较好的高职院校的优秀毕业生在社会上很抢手，但从整个高等职业教育的供应内容来说，又有偏于碎片化、短时性的问题，大部分技能学习均是某个岗位的技能学习，这种岗位技能学习的可迁移性差，跟不上企业的技术更新速度，很多企业反映学生入学时学习的岗位技能到毕业时就已经被企业所淘汰。这种与产业需求脱节的岗位技能供应不利于技能的积累，也不利于职业教育的长远发展。

（四）技能评价制度的单一

在我国，学历证书和职业资格证书是“两张皮”，教育部门为职业学校学生毕业颁发学历证书，人社部门为技工学校学生毕业及工人短期培训结束颁发职业资格证书。学历证书并不能承载学生技能水平认证的信息，也不能将其与学术教育学历证书相区别；职业资格证书不能代表学生的求学经历，职业资格证书颁发的不规范也使得其价值贬值，学历证书和职业资格证书均面临着各种问题。

（五）缺乏技能使用制度的保障

我国技术工人的工资待遇普遍较低、工作环境差、社会地位低。工资协商制度还非常薄弱，并不能保障技术工人工资待遇，也不能发挥约束同行业者相互“挖人”的行为。我国技能人才的成长路径受阻，其所进入的职业教育的上升通道受阻，而技能人才在工作中的职业晋升也不合理，没有类似于德国的依据技能水平晋升的机制，技术技能人才的晋升职称与其他行业同等水平的职称待遇也不对等。总体而言，我国技能使用制度环境还存在很多缺陷，不利于技术技能人才的成长和发展。

---

① 刘波，欧阳恩剑．职业教育产教融合的本质、特征与价值取向——基于耦合理论的视角［J］．职教论坛，2021（8）：60-67.

二、创新职业教育产教融合制度

（一）有效发挥国家职业教育职责

国家保护作为职业技能形成的重要保障，能有效发挥国家的职业教育职责，并不是说国家要事无巨细地参与、主导职业教育的发展，而是说在职业教育产教融合中，国家应该协调与平衡各方力量，形成以法律制度为基础的职业教育强制力，加强就业保护和雇佣保护，正确处理政府与市场的关系。

1. 协调与平衡各方力量

技能形成是社会建构的，不同的制度环境形成了不同的技能形成制度，德国的社会环境形塑了技能形成的社会合作模式，新加坡的国家主导力量产生了技能形成的国家主导模式，美国的联邦社会发展出技能形成的技能替代模式，我国在社会主义改造初期形成了“单位制”的技能形成制度。因此，形成何种技能形成模式与国家的社会环境息息相关，而国家的社会环境是由国家的各个利益相关者相互博弈而形成的。因此，国家应该完善职业教育产教融合发展的制度环境，协调平衡各利益相关者的力量，从而形成一种合力，努力营造和谐的社会环境，形成职业教育产教融合制度与社会环境相互依存或相互影响的综合体。

职业教育产教融合是一个多方行动主体共同合作的活动，具体而言需要政府、企业、工会、学徒、行业协会等多元合作者的协商与合作。然而企业一方的力量独大，行业协会、工会等的力量比较薄弱，合作与协商无从谈起。政府的职责就是要协调与平衡各方力量，使得政府、企业、工会、行业协会之间的力量基本达到均衡，具有利益博弈与平衡的基础。在协调与平衡各方力量的基础上，科学分配各方职责与权力，使各方权责明确、分工合理，以促成职业教育产教融合的顺畅发展。

2. 形成以法律为基础的职业教育强制力

立法的强制性支持是技能形成的保障，而我国当前的职业教育法律只有《中华人民共和国职业教育法》一部，这仅有的一部《中华人民共和国职业教育法》其法律的强制力也很弱，大部分都为“应然”规定，例如，“政府主管部门、行业组织应当举办或者联合举办职业学校、职业培训机构”“企业应当根据本单位的实际，有计划地对本单位的职工和准备录用的人员实施职业教育”“职业学校和职业培训机构应当在实施职业教育中实行产教结合，服务于本地区经济建设，密切与企业联系，培养实用人才和技能劳动者。”这些“应然”的规定对企业、学校和行业没有强制力，对不履行职责也没有相应的处罚措施，这严重降低了《中华人民共和国职业教育法》的应有效力。

《中华人民共和国职业教育法》应随着职业教育内外部条件的重大变化而做出相应的

修订，增强其法律约束力。依据《中华人民共和国职业教育法》，进一步出台配套的《职业教育产教融合条例》及相应的实施细则，形成国家主导、依法治国的职业教育强制力量。

3. 加强就业保护和雇佣保护

对国家的社会保护，经济学界有着激烈的争论。新自由主义者认为，社会保护的政策安排不但会增加财政负担，而且更严重的是会伤害劳动利益、鼓励福利依赖、产生“反市场的政治”；而社会政策倡导者则认为，社会保护行为不但不会妨碍市场机制，而且还能够稳定生产秩序，进而促进经济健康和可持续增长。不可否认，国家的社会保护对技能的形成具有巨大的作用，国家的社会保护（雇佣保护和就业保护），不仅没有妨碍市场机制，反而成为与技能形成制度相互匹配的制度环境。

从技能人才的就业保障来说，德国的工资协商制度保障了技能人才的工资待遇，使其处于一种公平的劳动力市场竞争中，不同水平的技术技能对应着不同等级的工资，工资只因技术技能水平而有显著差异，而不会受学历水平等的严重影响，使技能人才有较好的就业前景，也愿意花更长时间从事技能学习。在新加坡，工资协商制度并不像德国一样在行业层面达成，而是在国家的保障下形成。新加坡的技能人才的工资并不高，但国家提供了大量的住房、保险等社会福利，从一定意义上来说起到了工资协商的作用，保护了技能人才的利益。

因此，我国协调社会保护和经济发展的关系，在技能形成中加强雇佣保护和就业保护，以建立技能形成的匹配制度，保障技能的形成与发展。

4. 正确处理政府与市场的关系

处理政府与市场的关系是全世界各国政府共同面对的问题，它不仅体现在经济领域，同样体现在公共部门的投入上。教育领域作为支持社会发展的公共部门，职业教育和培训中政府和市场之间关系的处理显得尤为重要。通过对德国、新加坡、美国等不同国家技能形成制度之间的差异分析可以发现，不同的政府管理力度和市场自由程度决定了职业教育体系的发展走向。阿什顿等人认为，分析不同国家职业教育和培训体系的关键是理清政府、教育与培训系统、资本及劳动力之间的关系。这四个方面分别代表着社会中的四个利益集团，他们在各个国家特定的背景下，在维护和争夺各自利益过程中相互影响，其冲突和合作的结果形成一种特定的制度环境，而技能则是在这种环境中传递、形成的。

在政府与市场的关系中，各国国情不同，政府的协调作用有大有小，但以市场协调为主、以国家有限责任为辅，几乎已经成为各国经济发展的原则。也就是说，国家或政府在技能形成中发挥着重要的有限作用，但这种作用不是事无巨细、统包统管，而是承担有限责任。政府对教育和培训市场的控制与主导在于，通过高度的规范市场秩序和企业行为达到企业扩大投入培养高技能人才的目的，在技能形成中协调各方力量，提供强力的法律保障，提供雇佣保护和就业保护等。市场在应对技术革命及制度变迁方面有着政府无法替代的作用，市场制度的形成是各方斗争与博弈的结果，这种制度具有自我增强的特征，在技能形成中应充分发挥市场的作用。因此在技能形成中应正确处理政府与市场的关系。

（二）制度环境：产教融合发展的根基

技能形成的社会建构性更加说明职业教育具有跨界性。职业教育产教融合的顺畅发展与国家的生产组织方式、国家对技能的态度、国家的技能创新方式、技能资格认证制度、就业制度、技能人才发展制度、技能工人的社会地位、社会合作者的社会合作程度等均有着密切的联系。如果只从二元论角度来谈职业教育产教融合中学校的职业教育问题、企业的问题等，不可能从根本上改善当前的职业教育产教融合的发展现状。只有跳出当前职业教育的视野，从国家政治、经济发展等宏观制度环境层面来研究和发展职业教育的产教融合，跳出校企二元关系，达成政府、雇主、行业协会、工会、学徒等多主体的协同合作，形成职业教育发展的良好制度环境，职业教育才能具有吸引力，其发展才具有可持续性。

1. 产教融合与企业生产方式的匹配

当前，我国很多企业的生产方式还是一种高度依赖廉价、低技能劳动力的方式，劳动密集型企业还比较多，有些劳动密集型企业已经不能适应市场经济的发展需求。这样的企业为了生存无力进行技术创新。对这种企业，国家和政府应在其技术创新中给予支持，杜绝其采取降低工人工资的方式来降低成本、维持生存。对即使给予技术支持也不能进行自我技能更新、提高生产附加值的企业，应迫使其破产，将更多精力用于支持高附加值的企业发展。

在产业发展的初级阶段，对技术工人的技能要求并不高，而对技能工人的数量要求很高。以我国的制鞋工业为例，我国的安踏体育用品有限公司在开始发展时需要大量的低技术含量的一线技术工人，大部分为手工业工人，而我国丰富的劳动力资源满足了其要求，大量无技能的劳动力通过短期培训之后能够胜任工作，成就了安踏公司的规模。后来，由于技术的变迁和生产工具的更新，批量生产的方式逐渐取代手工业作业，企业通过对员工进行机械操作培训，使大量一线技术工人转变为机械操作工。但是在现阶段，制鞋产业面临着转型升级，信息技术广泛应用于制鞋产业，计算机工作终将取代机械操作。在每一个转型升级的关键性阶段，安踏都走在了产业升级发展的前列。但是我国该产业中尚存在大量的中低级生产技术及生产方式，为使得国家经济持续、长效发展，需要国家鼓励和引导这些企业升级生产技术、转变生产方式。

就职业教育来说，应注重技能培训内容的更新和技能人才基本素质的提高，使产教融合与企业的生产方式相匹配，培养具有较高文化素养、较好信息素质的劳动力，以促进企业的转型升级与发展。

2. 多元合作者共同达成长期发展战略

职业教育产教融合的发展涉及政府、企业、工会、行业协会、学生等多元主体，高技能形成模式的德国和新加坡的实践经验告诉我们，只有多元合作者共同达成长期的发展战略，共同避免短期行为，才能使产教融合获得良好发展，技能形成才能成为经济增长的核心要素。

政府应引导企业实施长期发展战略，避免短期利润和机会主义。充分发挥市场作用，引导企业转变原有的生产方式，更新升级生产技术，实施高技能、高薪企业战略，适应市场发展需求。

企业应着眼长远，建立和谐的劳动关系，采取混合方式处理劳动冲突，积极采取长远的发展战略，承担起国家技术技能积累的责任以及企业职业教育的责任。企业之间应建立优良的合作与竞争关系，创立企业群体利益的代言组织，完善行业协会的设立及发挥行业协会的力量，一方面做好企业群体利益的代言人；另一方面对企业行为进行约束。

工会应在技能形成体系中发挥应有的作用，超越工人的个人利益，树立群体意识，加强工会和雇主在博弈中的权力，将工人和企业之间的不对称转化为对等，使松散的劳动者权力成为积极有序的参与力量。

学生也应积极参与培训，承担培训所需花费的时间成本和机会成本，努力提高自身素质和技能水平。学生还应广泛了解与劳动和职场相关的各项法规和制度，并依靠各方相关主体，为自己争取正当权益。

只有政府、企业、行业协会、工会、学生等多元主体共同发力，实施长期的发展战略，产教融合发展才能顺畅，技能形成才能达成。

3. 保障公平的社会政治经济环境

社会政治经济制度的公平性是一切国家发展壮大的基础，没有公平的社会政治经济发展环境，一国的国际竞争力不可能维持或提高。德国和新加坡的成功经验告诉我们，只有社会是公平的、具有公平的制度环境，技能人才和学术人才的地位、待遇才会公平，普通教育和职业教育的地位才能同等。

公平的社会政治经济环境是教育公平的前提。真正实现普通教育和职业教育的公平，职业人才和学术人才的公平要从我们公平的劳动力使用制度着手，使职业人才和学术人才在劳动力市场中具有同等的地位、享受同等的待遇。目前，我国技能人才在劳动力市场中的地位和待遇均比较低，有这种不公平存在就不可能实现普通教育和职业教育的平等，对我国技术技能积累、技能形成与发展极为不利。国家应改善社会政治经济环境，尤其是劳动力使用制度环境，促使教育公平实现。

（三）建立职业教育产教融合的基本制度

高技能形成所需要的基本制度包括责任分担的技能投资制度、完善的技能供应制度、合理的技能资格认证制度、公平的技能使用制度、有效的社会合作制度。通过前文阐释可以发现，我国的技能形成制度尚存在技能投资主体单一、技能供应体系不完善、技能供应内容与产业发展需求不尽吻合、职业资格证书与学历证书互不衔接、技能使用制度两极分化、社会合作制度缺失等问题。因此，国家应致力于构建责任分担的技能投资制度、建立有效的技能供应制度、构建新型的职业资格证书制度、建立公平的技能使用制度、建立和完善社会合作制度。

1. 构建责任分担的技能投资制度

责任共担的技能投资制度是职业教育产教融合的基础。职业教育产教融合是一项耗时耗力的系统工程，需要大量的资金支持。目前，学校和企业开展校企合作的资金匮乏、投资主体和渠道单一，这已成为制约校企合作顺利开展的瓶颈之一。国家应建立以政府和企业的投资为主，学校、企业、政府、社会、学生多元投资、责任分担的投资制度。

（1）政府应加大职业教育投入

政府应加大对职业教育的投入，提高职业教育经费的财政预算比例，我国职业教育公共资金水平的提高，应从专业、规模、资源需求和数量等方面入手，综合考虑，明确资金用途，加强引导，逐步完善产教资源结构。

（2）鼓励企业履行投资责任

企业是职业教育产教融合培养人才的最终用户和主要受益者之一。在职业教育中投资于产教融合是企业义不容辞的责任。完善我国职业教育产业教育一体化投资体系，应鼓励和约束企业履行职业教育投资责任。中国可以借鉴德国的经验，将企业缴纳的税款单独列为职业教育基金，由政府统一发放和分配。实施职业教育产教融合的企业事业单位，应当进行质量认证和监督。只有获得职业教育资格的企业才能获得政府补贴，否则无法获得政府补贴。有关部门和企业要认真落实《国务院关于大力推进职业教育改革与发展的决定》中关于“一般企业按职工工资总额的1.5%全额提取教育培训经费，对技术要求高、培训任务重、经济效益好的企业，可按2.5%的比例提取，计入成本支出”；国家还可以设立中央基金，鼓励和补助企业培训；成熟的行业可以试行行业基金。

2. 建立有效的技能供应制度

技能供给体系是职业教育产教结合的核心体系。学校和企业是职业教育融合的双重主体，任何主体的缺失都不能发挥教学融合的实际效果，我国在融合教育中缺乏企业的地位，应该提高职业教育和企业教育的主体责任，建立职业教育与产业协调发展机制，密切技能供求关系。

（1）明确企业的职业教育育人主体责任

企业转型升级的出发点是人才素质的转型升级。因此，企业应明确职业教育的主体地位，在薪酬制定、技能人才岗位等方面注重企业技能人才的培养和发展，主动承担职业教育主体责任，提高经济竞争力。政府和学校也要明确企业职业教育的主体地位。企业不仅应被视为产教融合的参与者，更应让企业承担教育主体的责任和义务，赋予教育主体应有的权力。

（2）建立职业教育与产业协调发展机制

技能供应内容与技能需求的匹配度直接影响着一个国家的技能形成及其对经济增长的贡献力。建议建立职业教育与产业协调发展机制，密切技能供应与技能需求的联系。

要建立职业教育与产业发展的协调机制，职业教育的结构要与经济结构和发展水平相适应，职业教育的水平、规模要与经济发展的不同阶段、产业结构和速度相适应。

职业教育对经济发展阶段的适应主要体现在职业教育结构对经济结构和发展水平的适应。两者的相互适应是通过以下途径来实现的：①职业教育的专业设置应与不同阶段、不同区域的产业结构的调整相适应。满足区域产业发展的需要，实现专业与产业的对接，专业方向“市场化”。②职业教育水平应适应不同经济发展阶段人才需求的技术结构，不同的产业结构、不同的区域对人才要求的结构是有差异的。在我国，既有上海、广东等经济高速发展地区以现代服务业为主的产业结构，在人才需求上表现为对本科及以上层次人才的需求，也有甘肃和宁夏等经济低速发展地区以工业化初期加速发展和第一产业加工业为主的产业结构，在人才需求上表现为对初等职业教育、中等职业教育层次的人才需求。③职业教育的规模应与经济建设中的劳动力需求结构相适应。④高职院校的专业布局应符合区域经济发展规划。

3. 构建新型的职业资格证书制度

（1）建立职业资格证书分类管理制度

我国的职业技能鉴定和职业资格证书制度，是在 20 世纪 90 年代中期，为适应我国经济体制从计划经济体制向社会主义市场经济体制的转变而建立起来的。到目前一直没有改变证出多门、管理混乱、种类繁多等弊病，要建立新型职业资格证书制度，就应对职业资格证书实施分类管理。

在职业资格证书分类管理中，将职业资格证书分为三类：一是特殊类型的高危险和高风险工作。涉及社会安全问题的职业技能考核，由国家有关部门组织领导职业资格证书考核并负责管理，属于必修职业资格考核。二是对有一定技术水平要求和技术需要的职业资格评定。对长期积累的工种，国家将职业资格评定和管理的权限委托给由行业协会或者协会组成的第三方机构，企事业单位和职业学校接受组织领导。这类考核属于非强制性职业资格考核。三是国家委托企业或职业学校组织领导，或由第三方组织实施，不需要很高技术水平的工作，可以通过短期培训获得，不需要长期学习。这类也属于非强制性的职业资格考核。职业技能鉴定和职业资格证书考核的分类管理，有利于职业资格证书的管理和实施，减轻了政府职责负担，也有利于职业资格证书根据行业企业的需求、技术的发展而更新，使职业资格证书真正获得从业人员的认可。

（2）建立第三方职业资格证书考核制度

李玉柱还指出："新的职业资格证书制度实施分类管理后，大部分技术岗位需要由第三方机构组织实施，并负责管理和更新，因此应建立第三方职业资格证书评估体系。第三方机构由行业人员、企业人员、职业学校人员共同构成，负责创新行业职业资格标准，提升行业人才标准，更新职业资格证书的考试内容。"在第三方机构中，行业应发挥职业教育指导作用，组织实施职业资格考试和认证，牵头制定本行业职业标准、人才标准、课程标准、培训计划、考试标准和规则等。

"第三方职业资格证书考核制度，意在保证证书的公平性、有效性。第三方机构成员中虽然有证书的供给方和需求方，但他们不是主要成员，主要成员是处于中立地位的行业协会、学会、商业等行业组织，第三方职业资格考核制度保证了证书的公平性。第三方机构中企业和行业人员深知市场对证书的需求，可以保障证书的有效性，及时更新证书考核内容，并根据需要丰富证书考核形式。"

（3）以职业分析为基础，建立职业资格证书与学历证书互认制度

职业资格证书和学历证书的分离，使得职业学校的学生在获得学历证书的同时，还要花费大量精力和财力去考取职业资格证书，给职业学校的学生的就业带来极大的不便，职业学校应建立职业资格证书和学历证书互认制度。吴亚平提出，双证融通有三种方式：①直接互惠交换型，即建立一定水平的互惠关系，相互承认，互惠交换；②拼接，学历教育加职业资格培训，通过考试，获得职业资格；③整合，将两个标准要求和内容整合在同一门课程中，学生完成相应的课程将获得两类证书。其中，融合无疑是最好的。综合互认的形成要求职业资格证书和学历证书的评估应以职业分析为基础。一方面，职业教育应该建立在职业分类和职业分析的基础上，课程开发应该建立在职业分析的基础上，职业学校的课程内容应围绕职业或职业群众所需的最基本的能力设置；另一方面，职业资格证书应根据职业分析和国家统一的职业能力标准制定，更新和完善现行的职业资格证书制度。

高山岩指出，目前，许多英语国家，尤其是美国，非常重视将职业分析作为职业资格考试制定、修订和准备的第一步的作用。俄亥俄州立大学教育和就业培训中心为职业资格考试做出了重大贡献，通过使用 DACUM 来分析职业工作，为俄亥俄州教育部门建立若干职业资格。只有在职业分析的基础上对两者进行评估，才能实现稳定、长期、有效的联系，实现职业资格证书和学历证书的基本内部整合和相互认可。

4. 建立公平的技能使用制度

公平的技能使用制度是职业教育产教结合不可或缺的制度。没有良好的技能使用环境和技能人才培养保障体系，高技能人才的形成就无法实现。

（1）建立工资协商制度

工资协商制度不仅可以为雇主提供雇佣保护，还能为学徒和技能工人提供就业保护。就企业的雇佣保护来说，工资协商制度意味着同行业之间某种水平的技能工人的工资相差无几，使企业不能通过高工资挖走其他企业辛苦培养出来的技能人才。工资协商制度还规定，学徒必须为企业服务一定的年限，并且经过技能资格认证后方可离开，提前离开便得不到技能资格证书，使自身在就业市场中处于不利地位。这不但保障了企业投资培训的成本收益，而且保障了技能形成的质量。从技能人才的就业保障来说，工资协商制度保障了技能人才的工资待遇，使其处于一种公平的劳动力市场竞争中，使技能人才有较好的就业前景。因此，国家应建立和广泛发展工资协商制度。

（2）建立技能人才成长制度

在职前培养阶段，技能人才的成长需要普职融通制度。联合国教育、科学及文化组织的《国际教育标准分类法（2011）》将教育分为九个层次、两种类型，其中1～5个层次分为普通教育和职业教育，6～9个层次分为学历教育和职业教育，普通教育和职业教育为前沿，在各类型教育和各级课程的基础上这是可操作的。中国可以借鉴联合国教育、科学及文化组织对教育的分类，制定以课程为基础的普通职业教育体系，确保职业教育学生和普通教育学生能够根据自己的兴趣和条件在他们之间自由地改变和发展。职业教育不再是“权宜之计”，学生的发展权益可以得到保障。

（3）技能人才的职称晋升制度

尽管近年来高技能人才的工资因“技工荒”而有所提升，但技工的整体发展环境、工资待遇和社会地位仍不容乐观。为提高职业教育的吸引力，保障职业教育产教融合的长足发展，需要制定技能人才职称晋升制度，使技能人才职称晋升成为常态，基本等同于其他类型人员。

例如，技能人才的最高职称的社会地位、工资、待遇、福利与教授、工程师、研究员等职称的社会地位、工资、待遇、福利等基本对等。从实质上提高技能人才的社会地位，保障技能人才合理发展。

5．建立和完善社会合作制度

社会合作制度是技能形成的基本制度之一，在我国，政府、企业、工会、行业四者的力量并不均衡，建议培养和发展多元的社会合作力量，形成多元协商的社会合作制度。

多元协商的社会合作制度中，政府、企业、工会和行业形成一个“三棱椎体”，四者是“三棱椎体”的四个顶点。只有四者责任共担、协同合作才能形成一个稳定的“三棱锥”，其中行业、企业、工会作用发挥的大小决定着协同合作关系的“三棱锥”底盘的大小，而政府的立法、决策及生产制度等决定着“三棱锥”的高度及发展方向。“三棱锥”的稳定、和谐，四者缺一不可。

（四）促进职业教育产教融合基本制度间的匹配

制度匹配是指制度变迁最终必须实现制度结构的整体变革，只对个别特定的制度进行改革，而不改革其他制度安排和相应的制度环境。由于缺乏相应的配套制度改革，新制度将处于失衡状态。在我国，不仅要改变和完善技能供应体系，增加技能投资，还要改革技能资格认证制度、技能使用制度、社会合作制度，使职业教育产教融合的基本制度构成能够相互协调、相互匹配、同步发展。

我国在多年来的职业教育改革中，由于没有意识到匹配制度的建设和改革问题，诸多改革成效并不显著。因此，国家应在建立职业教育产教融合基本制度过程中，充分重视并提高基本制度之间的匹配性与协调性，尤其应重视技能资格认证制度、技能使用制度的改革，实现职业教育产教融合制度的整体发展与完善。

（五）职业教育产教融合的分类发展

职业教育产教融合的目的和本质是技能形成，一个国家的技能形成是与它的技术创新方式相互适应的。因此，职业教育产教融合也要依据不同的企业生产方式和创新方式而分类发展。

我国的经济发展情况比较复杂，既有适合累积型创新方式的产业，如机械加工类、工程或特殊交通设备等装备制造业，又有适合急进型创新方式的产业，如生物科技、软件行业。不同的技术创新方式要与不同的职业教育产教融合方式相匹配，因此，建议分类发展职业教育产教融合，并依据不同类型产教融合方式的现状及需求制定各自不同的发展政策。

采用急进型技术创新方式的企业实施外部技能形成方式，产教融合以学校职业教育为主，以企业培训为辅。采用急进型技术创新方式的产业，其劳动分工较高，技术更新较快，对一线工人个体技能要求水平不高，这种产业的职业教育产教融合发展需要严格的规范制度，对学校，尤其是企业行为进行规范，要求企业对学生实行轮岗轮训，避免学生在单一技能上成为廉价劳动力。

采用累积型技术创新方式的企业实施内部技能形成方式，产教融合以双元的学徒制为主。采用累积型技术创新的产业，其劳动分工相对不高、技术更新是在先前技术基础上更新，更新相对要慢，对一线工人个体技能要求较高，这类产业在生产中具有独特的生产技艺，对技能的依赖程度较强，需要具有专业知识、专门技术操作能力的工人，这种人才需求在劳动力人才市场上不能得到很好的满足，需要企业和职业学校共同培养，实施学徒制。这种产教融合需要政府各方面的政策保障机制和相应的规范制度。

总而言之，不同的技能创新方式需要不同的技能形成制度，因此我国应分类发展职业教育产教融合制度，制定有针对性的政策、制度，以切实保障职业教育产教融合的发展，培养经济发展所需要的各类人才。

总之，通过对中国技能形成制度的演化与变迁的回溯，对制度变迁中利益相关者的利益冲突与平衡的分析，对技能形成制度构成的探究，笔者发现了以下几个问题：①技能形成是社会建构的，我国发展职业教育，进行职业教育产教融合制度改革，需要相关劳资关系制度、工资协商制度、用工制度等社会制度的变革，只有这样才能改变职业教育发展的制度环境，职业教育改革才能有效。②国家保护是技能形成的保障，因此，我国职业教育产教融合的发展需要国家有效发挥其职业教育职责，协调与平衡各方力量，形成以法律为基础的职业教育强制力，加强国家的就业保护和雇佣保护，使经济发展与社会保护协调发展。③制度环境是产教融合发展的根基，应该使产教融合与企业生产方式匹配，使多元合作者共同达成长期发展战略，保障公平的社会政治经济环境。④责任分担的技能投资制度、有效的技能供应制度、技能资格认证制度、公平的技能使用制度、完善的社会合作制度是职业教育产教融合的基本制度，五者是相互协调、相互匹配的，进行职业教育产教融合制度改革，以上五者缺一不可。尤其不能忽视对技能资格认证制度、公平的技能使用制度、完善的社会合作制度的改革，没有这些配套制度的改革，职业教育产教融合的改革不可能取得良好的实效。⑤技能形成方式与技能创新方式是相互适应的，我国的经济发展情况复杂，采用急进型技术创新方式的行业企业与采用累积型技术创新方式的行业企业并存，因此，应该依据行业产业的不同，分类发展职业教育产教融合，制定分类发展政策。

第二节　高职跨境电商专业工学交替教学组织形式创新

一、跨境电商人才培养的必要性

近年来，网络信息技术和物流业的发展有力地推动了我国跨境电商模式的发展和进步。目前，跨境电商已经成为我国最重要的商品交易方式，国家加大了对跨境电商的支持力度，加强了对跨境电商人才的培养。跨境电商人才主要是指在互联网上工作并对跨境电商有一定认识的人才，目前，跨境电商人才主要通过相关的高职院校培养，大多是技能型人才或是管理型人才，这对跨境电商产业的发展非常重要。

随着全球经济的发展，国际贸易形势也在不断发展，跨境电商模式也逐渐形成，并取得了良好的发展。然而，随着跨境电商模式的发展，人才储备不足的问题也逐渐暴露出来。跨境电商对人才的需求不同于传统电商模式。相关人员应熟悉国际贸易流程，对员工的专业性要求较高。

为适应跨境电商发展需要，高职院校需要加大跨境电商人才培养力度，制订有针对性的跨境电商人才培养计划。只有这样，才能逐步缓解市场人才危机，保障跨境电商行业的科学发展。①

二、高职院校跨境电商人才培养对策分析

（一）建立校企一体化人才培养模式

目前，大部分高职院校的跨境电商专业的人才培养还是以课堂培训为主，虽然也可以提供一些实践训练，但仍存在很大的局限性。传统教育模式下培养的毕业生实践能力较为欠缺，因为工作经验较少无法快速融入职场、满足岗位需求。一些高职院校使用软件模拟跨境电商的运营模式，让学生在学习过程中参与软件模拟，方便学生将所学理论知识应用到实践中，然而软件模拟环境往往与实际情况相差较大，很难给学生以真实感，因此预期目标常常难以实现。针对这一问题，高职院校与企业应建立稳定、一体化的培养模式，提高人才培养的质量。校企合作实施前，校企管理人员应共同参与制订计划，形成较为完善的培养方案，明确学生参与的岗位，传达岗位职责和要求，使相关工作要求更为全面。学校应当在随后的工作中根据企业的实际情况和要求对学生进行相关理论培训，全面讲解工作中的注意事项和工作重点，帮助学生更好地理解工作内容及岗位职责。通过项目式的实训教学，帮助学生了解跨境电商工作流程，将任务分解为具体步骤，学习和了解跨境电商产品开发、产品内容编辑、平台运营。完成初步理论教育后，学校应组织企业招收相关学生，直接参与到企业的运营过程中，直观了解每一项工作的重点，在实际工作中实现个人成长。实际操作对学生更好地适应企业工作环境颇有裨益。在这种人才培养模式下，企业节省了设施和人工成本；学生在校园内深入学习公司实际项目，有效地推动专业教学模式改革，实现“校企合作、勤工助学一体化”。

（二）提高学生的实习参与度

加强学生的校外实训对于学生实际工作能力的提高十分有利。因此，学校可以在这方面与当地的跨境电商企业建立稳定的合作，组织学生成立实习小组，参与到企业的实际工作中，由企业负责学生的职业培训，学校教师作为辅助，帮助引导学生更好地参与实习。该模式应在学生初步了解跨境电商企业的运作模式后实施，具体可以在学生进入二年级时予以落实。在入校第一年的学习中，要使学生了解跨境电子商务相关知识和工作内容。在课时完成后，学校应当组织学生予以考核，并为考核通过的学生提供机会参加校外实习。对于参与实习的学生应以鼓励为主，给予学生自主选择权。实习生名单确定之后，要对名单中学生的课程进行调整，一方面要让学生保持正常学习，另一方面要组织学生定期参加企业的工作，并接受企业中组织的岗位培训。这样的实习过程能够帮助学生更多地积累在

① 刘亚玲．高职院校跨境电商专业课程体系的构建研究［J］．对外经贸，2021（5）：134-137.

相关企业中的工作经验，提高自身的综合能力，缩短就业后的适应期。企业也可以在此期间加强对学生的培养，在高职院校内树立良好形象，增加学生对企业的忠诚度，实现人才储备计划。

（三）强化跨境电商师资队伍

跨境电商企业对员工的要求很高，不仅要掌握基本的国际贸易知识和外语知识，还要具备良好的沟通能力和业务拓展能力。为了保证跨境电商人才的培养需求，有必要加强现有跨境电商师资队伍建设，建设一支现代化的优秀师资队伍，以满足企业发展的需要。学校要制订专职教师队伍建设的规划，安排专职教师参加学术研讨会、专业培训和企业在职培训，不断优化教师专业知识结构，提高实践技能。要构建科学合理的教师评价指标体系，公正评价教师绩效，激发教师的教学积极性。任务驱动教学在教学过程中进行，引导学生作为跨境电商专业人员独立完成岗位要求和工作任务。结合知识传授和专业素质培养，教师不断积累系统的跨境电商经验，建立正确的跨境电商思维模式，逐步形成了解社会需求、适应岗位需求、具有丰富的教学经验、专业与兼职相结合的教学团队。

（四）培养有特色的跨境电商人才

目前，高职院校跨境电商相关专业主要有国际贸易、跨境电商、外语等。各学院应根据自身专业优势培养具有自己特色的跨境电商人才。此外，还要鼓励学生自主创业，建立“学生创业工作室”，引导学生在阿里巴巴国际站、亚马逊、Wish、虾皮等平台注册跨境电商店铺，联系自己的货源，通过数据调研筛选，尝试线上创业，开展跨境电商项目运营实践，寻找良好商机。

三、“工学交替”教学组织形式

（一）概述

“工学交替”是一种学校与企业分工协作的教学组织形式和教学管理制度，主要是学校负责传授理论知识，企业主管实践教学和技能培训，理论与实践紧密结合，学校和企业密切合作。我国“工学交替”教学模式兴起于20世纪80年代，是在借鉴和发展德国“双元制”模式的基础上逐渐形成的。

“工学交替”教学组织形式具有以下几大优势：①学校充分利用自身的人才和科研优势，同企业合作进行技术创新和产品研发，推动应用研究，为高新技术产业化做贡献。②学生除了理论学习，还在企业中尝试了实际的生产技术和工作体验，从而在未来工作中具有较强的适应性和竞争力。③学校与企业构建良好的合作关系，双方优势互补，相互促进，有效利用学校和企业资源，实现人才培养目标。④学生全程参与到技术研发和应用中去，全面提升自己的综合素质。

“工学交替”教学组织形式适应理论实践一体化教学模式，在职业教育教学中的欠缺表现在以下两个方面：①企业在实际生产活动中急需操作熟练和技艺高超的高素质技术技能人才，而学生操作技能普遍较弱，难以受到企业欢迎，因此，企业参与“工学交替”教学方式的积极性不高。②学校与企业合作关系不稳定，缺乏深层次的合作与交流，“工学交替”各项制度不健全，学生参与实践的各项权利缺乏保障。

（二）因素分析

1. 物理环境

“工学交替”教学组织形式将教学场所一分为二，讲授理论的学校教室基本按照传统的教室设置，讲台、黑板、多媒体设备、学生座位、张贴版及存放贵重物品的柜子等都是教室常见的基本配置；实践教学和技能培训在企业内进行，基本是真实生产场景布置，教学场所大多设有与专业技术实践教学有关的操作设备、工作台、仪器和材料等。

2. 教师教学活动

在“工学交替”教学活动中，讲授理论课的学校教师的教学活动和正常教学活动基本一致。首先，要根据课程目标和培养计划，编制学科的教学内容、范围及其顺序，教师依据课程计划，在每周上课之前要设计讲解素材、处理方法、学生活动等，提前做出相应的准备。课堂上，教师通过某些方法唤起学生对掌握知识和技能的学习兴趣。职业院校学科不同，学生发展阶段不同，引发学生学习兴趣的方法也不相同。教师往往通过预先的游戏、生产活动让学生意识到学习某种知识和技能的重要性；又或者借助案例及播放视频使学生对某一问题产生疑问。其次，教师在学生旧有经验的基础上，按照先前的教学计划，通过语言和操作等手段将新知识和技能传授给学生，但教师传授的只是表象，学生必须经过自己的学习活动将表象知识吸收内化为概念才算真正完成。最后，教师通过作业、制作作品、考试等形式进行教学效果检查，来检验学生对知识的学习和掌握情况。

传授实践技能的企业专家教学活动主要目标是培养学生的实践操作能力。由于工作场所具有特殊性，实践学习任务不能以课堂教育的形式进行，因此可以将其转化为教师给学生制定一些结合实践的设计类作业，或引导学生在工作过程中总结基础知识，帮助学生真正实现“知行合一”。企业专家在学生工作之后为其开设专题讲座，讲座内容包括工作实践技能与劳动安全两方面；企业专家组织学生进行定期座谈，跟学生交流，分享各自的工作经验与个人心得，为学生拓展实训中获得的信息量；企业专家与学生共同参与生产活动，充分调动学生的学习积极性，从而提高学生的综合能力。总之，企业要科学合理地为学生安排工作和学习时间，想方设法利用一切机会开展形式多样的教育活动，全面提升学生的综合职业能力。

3. 学生学习活动

学生经过一段时间的学习和训练后，已经基本具备可以参加“工学交替”教学组织形式的能力。在日常教学中，学校教师和企业专家共同承担学生的培养责任，学生不仅要在学校学习基础理论，还要深入企业参与生产实践，理论与实践相互交错，极大地提升学生的综合能力，从而开辟学生的创新思维。实行“工学交替”教学组织形式后，学生可以在技能学习中全面了解自己未来的工作环境，明确自己未来的工作任务，探寻自身在未来工作中缺乏的知识和技能。可以让学生有机会充分地了解自我和审视自我，促使学生对自己未来的职业规划有一个更加清晰的认识。

此外，“工学交替”教学组织形式让学生在真实的工作环境中进行学习，学生时常要面对各种现实工作问题，原有的实训车间模拟工作环境状态不复存在。理论学习和实践操作交替进行，持续变化状态频繁，这就要求学生在学习中提高自我管理意识和能力，自觉养成良好的学习习惯。

4. 师生互动形式

“工学交替”教学组织形式中的师生互动包括学校教师和学生的互动、企业专家和学生的互动。在学校教学中，学生大部分时间都集中在专业班学习，师生之间沟通交流频繁。学生遇到学习和生活中的困难时喜欢向教师诉说，教师也往往根据自己的人生阅历与学生共同商量解决办法。良好的交互关系可以很好地让教师了解学生的心理变化，从而在教学中做到因材施教。在企业中，授课专家拥有高超的技能和娴熟的工艺，但普遍缺乏对教育学和心理学系统知识的学习和掌握，因而在平时的教学和生活中，企业专家普遍缺乏日常教学交流技巧和方法。在实践教学中，教师往往一味地讲授操作方法和技巧，缺乏与学生的感情交流，难以形成良好的师生关系，这种师生状况很容易造成以“教师为中心”教学模式。在教学过程中，日常教学活动由教师全权包办，学生只能被动地接受教师传授的知识和技能，按部就班地执行教师的指令，学生的想法和建议不被认可和尊重，在实践中的学习兴趣和积极性荡然无存。

5. 教学时空

除了某些需用大型设备无法移动的课程，学校教师在教室空间设置上完全可以按照自己的设计灵活变化。大多数学校教师在课程开始时，都通过将教室桌椅有序合并，把教室分成了若干个学生学习区域，这一方面有利于教师在学生之间走动，时刻关注每一个学生；另一方面学生可以自由结组讨论，彼此没有座位的隔阂，营造一种互动和合作的教学氛围。实践课程在企业进行，完全是真实的工作场景，跨境电商店铺在各大平台进行运营与推广，让学生感受工作的辛劳和成就。在时间上，学校学习和企业实操交替进行，一般学生每周在学校学习3天，在企业实践两天，为了配合学生的企业实践，学校也在尝试对一些理论课程学习形式进行调整。对一些比较简单的课程，学校鼓励学生网上学习，教师在网上进行指导。对一些程序复杂、短时间难以掌握的课程，学校可尝试改为两个学期一轮，分为上、下两个学期分别开设。

6. **教学资源**

在实行“工学交替”教学组织形式之前，学生往往只能利用学校模拟的实训场所和设备，享受学校教师提供的教学资源。实行“工学交替”教学组织形式之后，打破了原有的静态实训环境，全校学生进入企业参加真实经营活动，让企业的教学资源得到充分利用。例如，某高职院校汽修专业的学生，原来只能利用学校的几辆教学车进行检查和维修，虽然汽车是真实的，但故障大多是预先设定好的，学生按照书本上的要求，按部就班地进行操作，故障基本解除。学生希望尝试一些新的挑战，可是学校设备有限，同时也难以承担高额的汽车损毁费用，现在“工学交替”教学形式解决了这个难题，学生在维修车间可以见识各种各样的汽车故障和维修操作。

四、教学组织形式优化创新策略

（一）根据专业特点选择适宜的教学组织形式

在教学组织形式的选择上，跨境电商专业应充分考虑自身的物理环境、教师素质、教学资源和时空配置，确保教学过程符合生产过程。例如，动画和游戏行业大多依托数字化、网络化和信息化技术，进行网页动画、网页游戏加工制作、卡通书籍、二维和三维电视动画制作和广告设计等，这些业务对职员的学历要求并不高，但职员的操作技能必须熟练。因此，职业院校的动画和游戏专业教学过程要帮助学生积累操作经验，培养学生团队合作和个体学习的综合能力，以项目为核心的“工作室制”教学组织形式非常适合这一专业。例如，铁路运输行业专家都工作在全国铁路线上，往往由于工作关系无法到职业院校进行授课，这无疑会对职业院校正常教学任务安排带来冲击。“实景课堂”教学形式则很好地解决了这一问题，铁路工作人员可以随时随地向学生传授专业知识和技能，学生在教室内就可以感受远在千里之外的工作场景。

（二）跨境电商教学组织中应纳入“工学结合”机制

许多西方国家的高职教育普遍采用“工学结合”教育模式，学校在教学计划设置初期就将“工学结合”的工作学期作为整个教学计划的重要组成部分，在学生学分构成中占有较大的比例，在教学中没有参加工作实践的学生往往不能取得正常的毕业证书。这种强制性的“工学结合”教育模式虽然符合职业教育的基本特征，但在具体实施过程中仍然面临很大困难，突出表现在与合作企业的慎重选择与深入合作交流上。

在我国高职教育整体环境日益完善的现状下，在跨境电商教学实施中融入“工学结合”机制需要做到以下几点：一是合理安排学生在校学习和企业实践时间。跨境电商专业有相应的培养目标、课程内容和教学方法，从而对接产业、企业、岗位和生产过程，对应专业技能和职业标准。因此，在“工学结合”教学模式中，跨境电商专业应充分考虑自身的物理环境、教师素质、教学资源和时空配置，合理安排学生的在校学习和企业实践时间。二是对学生开展企业实践培训。跨境电商企业学生在入学时成绩普遍偏低，学习动机和学习态度等精神层面存在一些问题。此外，企业并不欢迎学生过早地进入工作岗位，担心他们不成熟的操作技能会影响企业的生产效率、产品质量和社会声誉等。针对目前跨境电商学生综合素质普遍偏低的问题，迫切需要对该专业学生进行必要的培训。培训内容包括工作岗位的具体要求、实际经营活动中的一些基本实践技能，增强学生对工作岗位的感性认识，从而使他们更好地适应工作岗位的要求。企业实践培训需要学校和企业的通力合作。

（三）发挥现代信息技术的重要作用

现代信息技术是教育信息化的重要手段，对拓展教学空间、扩充教学时间、开发教学资源、深化教学组织运行环境具有重要意义。然而，我国高职院校在利用现代信息进行异地互动教学和教学资源开发上存在技术创新不足、共享机制不完善、利用不充分等问题。为增强高职院校学习资源互动效果，提高学习资源利用率，必须加快构建高职院校学习资源动态共享系统。学习资源动态共享系统建设包括远程互动教学技术和学习资源使用两个方面。在远程互动教学技术方面，高职院校应加快教学信息技术开发，改进现代远程传输技术、网络技术和多媒体技术，增强信号强度，拓宽信号范围，提高多现场传输视频和音频的质量，促使远程教学技术更加成熟。在教学资源使用方面，高职院校要全面推进职业教育资源开发活动，实现教学资源实时更新；建立高职院校教学公共平台，创建区域高职院校教学资源库，实现区域教学资源共享；重视教师信息技术培训，鼓励教师上传和利用专业教学课件，保证数字化教学资源的充分利用。

（四）努力创设师生互动交往的学习环境

教师和学生作为教学组织构建和运行主体，两者之间的关系决定教育的质量。传统教学组织形式中师生关系是一种教师主导的自上而下的交往关系，这种交往方式单一和僵化，容易造成师生间的不平等，影响教学质量。由此可见，完善跨境电商教学组织需要创设优质的师生互动交往学习环境。“工学交替”教学组织形式打破了原有的以“教师为中心”的师生关系，尊重学生，倡导师生之间相互合作、相互学习，实现“教学相长”。但基于理论和访谈比较发现，三者在师生交往主体、途径、强度、受益面等方面差异较大，原因主要是受教学内容和教学设备的限制，但三者可以相互借鉴，提升交往强度，增加交往受益面。例如，为增强师生沟通交流，可以利用现代网络交流软件，如邮箱、微信、QQ等，增加企业专家和学生课下交流机会，一方面，企业专家可以听取学生对于现场即时视频授课的意见，提高授课水平；另一方面，有利于回答学生课堂上的疑问，让学生真正听懂、看会，有效执行操作。

第三节 高职跨境电商校企互助融合模式创新

当今社会已进入大数据时代，互联网与人们的生活息息相关。人们充分利用互联网进行贸易交流以更好地节省时间和资源。跨境电商以此为契机走进人们的生活，成为国际贸易中的新兴行业。跨境电商行业的兴起催生出大量的岗位，需要能够适应岗位要求的行业人才。而如何培养出能够紧跟时代发展、符合相关企业需求的合格人才是高职院校跨境电商专业的当务之急。企业想要获得合格的人才，需要和高职院校进行合作，通过校企合作来共同培养岗位所需的人才是重要的途径。本书从跨境电商专业人才培养出发，分析校企融合对培养人才的重要性，既能共同培养企业所需要的合格人才，又能服务于企业，在企业创造的价值中，学校也扮演了重要的角色，校企之间可以互惠互利，实现双赢。

一、跨境电商是时代的产物

跨境电商是时代的产物，随着社会的发展和互联网技术的广泛运用，给各行各业都带来了便利，国际贸易往来就是受益方之一，“互联网＋国际贸易”全球化态势的呈现，推动了国际贸易网络化和国际贸易终端客户化的进行，实现了真正的B2C模式，这说明跨境电商作为新兴行业走进了人们的生活。跨境电商加速了经济全球化的进程，对推动贸易全球化具有非常重要的战略意义。跨境电商冲破了国与国之间的障碍，使国际贸易走向互通贸易，同时正在引起世界经济贸易的巨大变革。对企业来说，跨境电商构建起了开放、多元、立体的多边经贸合作模式，拓宽了进入国际市场的路径，大大促进了多边资源的优化配置与企业间的互利共赢；对于消费者来说，跨境电商使他们直接对接生产国产品，更容易获取出口国和出口产品的直销商品，产品可以直接到达消费者手里，省去了很多中间环节和中间费用，让消费者获得更多的价格优惠。跨境电商已经悄然走进了千家万户，在无形之中推动了经济全球化的进程。[①]

我国的跨境电商行业是在2008年全球金融危机的大背景下发展起来的，其间传统外贸行业遭受重大打击，很多传统外贸企业尤其是中小微外贸企业纷纷倒闭，而跨境电商因为具有中间环节少、价格低廉、利润率高等特点，在良好的发展前景下发展起来并步入正轨。在2014年我国开放了上海、杭州、宁波、郑州、重庆、深圳、广州7个跨境电商试点城市，国家在政策层面上开始对跨境电商进行扶持。近年来，我国跨境电商进出口规模快速增长，已经成为外贸发展的新亮点。2020年，一场突如其来的新型冠状病毒感染，

① 张弦，曾周玉．电子商务专业现代学徒制人才培养模式研究［J］．质量与市场，2021（17）：46-48.

让原本就艰难前行的传统中小微外贸企业受到了灭顶之灾，必须利用跨境电商的独特优势，助力中小微外贸企业渡过难关，扬帆起航。因此，2020 年 4 月 7 日，国务院原总理李克强签发在已设立 59 个跨境电商综合试验区的基础上，新设 46 个跨境电商综合试验区，增大跨境电商进出口力度。2020 年 7 月 29 日，原总理李克强在国务院常务会议上部署“六稳”工作，其中强调了进一步扩大稳外贸稳外资，支持发展跨境电商、海外仓、外贸综合服务企业等新业态，扩大市场采购贸易方式试点，带动中小微企业出口。

跨境电商行业在中国扬帆起航，成为疫情防控期间，国际贸易业务中的重要组成部分。同时，跨境电商对世界经济的影响也不容小觑，在疫情防控期间，也是影响全球外贸发展的重要因素。作为新业态，行业内专业人才缺口巨大，已经引起了国家教育部门的重视，并且在高职院校设立跨境电商专业，培养跨境电商的实操性人才，为行业培养合格人才。

二、高职跨境电商人才培养的壁垒

跨境电商专业作为高职院校的一个新专业，教育部在 2019 年的普通高等学校高等职业教育（专科）专业目录中增设跨境电商专业，跨境电商成为这个时代的新生专业，符合时代的发展。有了专业的设立，很多高职院校也开始着手跨境电商专业的招生，以迎合社会对人才的需求。跨境电商新专业的增设，接踵而来的就是人才的培养问题，各院校跨境电商专业的教师队伍全部都是从相关专业转型组建起来的，这部分专业包括国际贸易、电子商务、商务英语、市场营销等。对于新专业的跨境电商专业而言，很多高职院校确实已经申请专业招生，但每个学校的跨境电商人才的培养都是“摸着石头过河”，课程设置各不相同。专业的课程体系设置情况也大相径庭，给人才培养方案的编订和相关课程标准的制定带来了很大的挑战。

跨境电商在人才培养方案及课程标准等的指导性材料的制定上有很大困难外，在人才培养的实施过程即是教学过程中也存在壁垒。

(一) 教学过程中理论知识传授的壁垒

教学过程是“教+学”，教是教师的知识传授，而作为跨境电商这个新增专业的教师们都不是专业教师，全部都是从其他专业转型的，大家都是在边自学或者培训相关跨境电商专业知识，边进行教学指导及授课，没有完整的教学过程，也没有成型的教学模式，学生在学习的过程中，需要对于有关知识点的剖析和解答时，教师有时不能给出全面的解答和深层次的剖析，无形中给人才的培养筑起了壁垒。

(二) 理论与实践一体化的教学经验不足

高职跨境电商专业需要培养实操性较强的人才，但本专业的教师刚刚转型，仍处于理论知识体系的构建阶段，短时间内理论联系实践非常困难，这也是理论与实践一体授课模式的壁垒，导致学校人才培养目标与企业用人需求脱节。如何更好地解决跨境电商专业人才培养过程中存在的壁垒？或许产教融合将会是一个不可或缺的途径。

三、校企合作的优势与不足

校企合作是高职院校人才培养的重要组成部分，跨境电商专业的人才培养也要通过校企合作培养社会和企业所需要的人才。

（一）跨境电商专业校企合作的优势

第一，通过校企合作，企业方可以参与到学校人才培养中来，企业作为用人单位，他们对于人才的定位就是学校培养人才的标准。企业可以提出对人才培养方案的建议，为跨境电商专业的人才培养方案提供实践依据，同时，通过企业方的岗位要求对课程的设置进行修改和完善，做到与时俱进。

第二，实践见真知。跨境电商专业教师的教学过程过于理论化，如何让理论和实践融为一体，就需要借助校企合作中企业的力量，企业有丰富的实操经验，可以在实践中验证理论知识的正确性和关键点，校企合作为学生提供了理论联系实际的平台，使理论知识更加贴近现实。

（二）跨境电商专业校企合作的不足

1. 企业方校企合作的意愿不强

企业是以追求利润最大化为宗旨的，而校企合作是一种合作意向，除了部分校企合作协议以构建订单班和学徒制为前提，为企业输送合格人才，大多数的校企合作都是企业义务服务学校。作为企业方，没有利润产生的项目，并不想多投入人力、物力和财力，这就造成了校企合作的内涵不足。

2. 企业教师的课堂教学经验不足

校企合作项目中最重要的一个环节是邀请企业专业人员来校为学生们授课，讲授实践知识，而往往企业派的兼职教师不具备教学经验，教学理念和方法欠缺，造成授课时，不能很好地搭建实践和理论的桥梁，只有实践的知识，学生的理论和实践仍然没有联系起来。

3. 校企合作中，授课时间和讲授项目受限

学校有教学体系的约束，这给企业兼职教师的授课时间很大的约束，不能自由安排时间；在讲授的项目上，实践环节需要在实践现场，而时间、空间和制度的制约导致很多实践项目不能在真正的岗位上完成，这也是校企合作中存在的不足。

四、校企互助模式

互助模式就是两者间互相帮助，共同成长和发展，校企互助模式就是利用各自的优势进行互补，实现双赢。学校可以通过校企互助模式培养行业内和企业内所需的人才，企业通过校企互助模式能够使利润最大化。

高职院校开展“校企互助”的校企合作模式最为适宜，高职院校培养的是操作性人才，需要按照企业需求培养人才，而企业也需要借助所招收的岗位人才创造价值，并且不断寻求发展空间，因此学校和企业的互助是必然趋势。

高职院校专业设置应符合国家经济建设和企业发展的需要，应遵循这一原则，按照职业教育规律开展工作，使企业与学校在互利共赢的基础上开展合作，培养高素质人才，其中高职院校是高职院校与人才培养模式互助的重要内涵。校企合作的本意是学校负责理论教学，而企业所建的实训基地的主要任务是在实践中检验理论的与时俱进性和对学生进行职业技能的训练。校企合作的目的是培养学生在行业内所属企业从事工作的时候，可以很快上手，达到毕业即上岗的效果。校企合作模式应提高职业教育人才的培养能力，帮助企业更好地发展，为企业服务，这是高职院校在发展过程中始终追求的目标。成功的职业教育表明，我们要深入研究和探索“校企互助”的具体形式和内容，实现课程、专业建设、职业教育与生产实践全过程的有机结合，只有这样，才能保证高等职业教育的成功，充分发挥服务社会的作用。

五、校企互助融合对跨境电商专业的重要性

（一）校企互助融合为学校专业课教学注入实战元素

跨境电商专业学生所有的专业核心课程都需要把实操作为重心，实践操作往往要以实战项目来进行训练，而学校专任教师的课堂教学仅仅是理论基础，没有实践作为补充，对于跨境电商专业的学生而言相当于纸上谈兵，需要校企融合为专业课教学注入企业的实战训练。在校企合作过程中，仅以课堂时间进行实战训练犹如隔靴搔痒，无法满足项目实践的连续性，还需要大量课外时间，通过企业实训基地和企业兼职教师的指导完成实践任务。跨境电商专业可以充分利用互联网的特点，学生的实践问题可以通过网络通信工具来对接企业人员，解决学生的实战性问题或者通过互联网把企业真正的项目作为任务介绍给学生，学生能形成课内外的实践练习氛围，教师能掌握学生在实践过程中遇到的问题，使理论知识和实践很好地结合。

（二）校企互助融合为企业提供员工培训，助力企业利益最大化

校企合作已经成为高职院校教学环节的必备要素，通过校企合作让学生的专业知识更

具有实践元素，更能适应岗位需求。以往的校企合作旨在通过校企合作的模式和校企合作工作站的建立，让企业派专业人员给学生进行实践培训，达到理论与实践一体的目的，但受益方大多是学校，而企业的受益不大。跨境电商专业的校企互助融合模式在企业为学校提供服务的同时，学校也可以为企业提供相应的培训项目，从而使企业员工创造更多的价值，来达到企业利益最大化的目的。高职院校教师理论基础扎实，具有很强的专业知识体系，可以给企业员工提供系统的专业性的理论知识，在跨境电商专业中，可以为企业员工培训跨境电商英语、跨境电商政策等，为企业非专业员工普及专业知识，变相为企业创造价值，使校企互助融合更加深远。

（三）完善专业人才培养方案及课程体系构建

校企互助融合可以帮助学校完善跨境电商专业的人才培养方案以及课程体系构建。跨境电商专业是一个新增专业，所有的教师都是各相关专业转型而来，没有完善的专业人才培养方案可以借鉴，也没有完整的课程体系，各个高职院校的跨境电商专业的人才培养方案和课程体系构建都处于摸索阶段，都需要借助于企业的实战经验来完善。跨境电商企业有着丰富的实战经验和项目，它们清楚跨境电商平台实操中的重点和难点，对于国家有关跨境电商的政策也非常清楚，对于人才需求也有明确要求。通过校企互助融合可以完善专业人才培养方案，为人才培养指引了方向，通过校企深度融合，企业会依据跨境电商平台各个方面的侧重点对于合理的课程体系构建提出现实的建议，为跨境电商专业更好地发展献计献策。

（四）企业通过校企互助融合寻求潜在的员工

校企互助融合，企业以学生为核心的现代学徒制以及订单班培养模式的人才培养模式，企业可以借助校企合作寻找合适的员工人选，并通过校企合作模式，调动学生的积极性和对企业的认可度，利用学校资源培养潜在员工，达到毕业即上岗的效果。企业能借助校企合作的机会先入为主，优先挑选和培养学生成为它们未来的员工。企业专家和教师双方培养的优势对学生的实践项目进行跟踪管理，充分将学校教育和企业培养融合在一起，有利于理论与实践一体化教学模式的实施，同时企业通过校企互助融合也可以挑选自己的员工。

校企互助融合对于高职跨境电商专业而言意义重大，随着国家对跨境电商行业的重视，跨境电商专业的校企互助融合会更加深远。

参考文献

［1］金伟林．中国职业教育产教融合校企合作模式［M］．北京：经济科学出版社，2021．

［2］甘宇．基于大数据时代的跨境电商教育［J］．理财（财经版），2017（4）：25-26．

［3］赵慧娥，岳文．跨境电商［M］．北京：中国人民大学出版社，2020．

［4］李可．高校产教融合实践与创新艺术［M］．长春：吉林美术出版社，2020．

［5］祁璇．校企合作和产教融合的理论与创新［M］．武汉：武汉大学出版社，2020．

［6］甘宇．城市管理效能提升背景下跨境电商专业人才培养策略研究［J］．上海商业，2021（7）：154-155．

［7］姚克勤．大数据背景下的跨境电商体系研究［M］．成都：电子科技大学出版社，2018．

［8］邓梓君．双因素理论视域下高职院校“双师型”教师队伍激励机制优化策略研究［J］．教育科学论坛，2021（24）：29-34．

［9］金丽静．基于“三制”的跨境电商人才培养模式探究［J］．商场现代化，2021（2）：29-31．

［10］林巧玲，陈珊娜．校企合作培育跨境电商专业创业能力模式——以泉州轻工职业学院为例［J］．现代企业，2021（8）：148-149．

［11］刘彬．高职跨境电商人才培养中校企互助式融合的重要性［J］．中国商论，2021（16）：181-183．

［12］李洁冬．跨境电商校企合作人才培养问题分析［J］．商业观察，2021（18）：20-22．

［13］李锦．数字化背景下我国B2B跨境电商平台发展问题研究［D］．河北经贸大学，2021．

[14] 刘波，欧阳恩剑. 职业教育产教融合的本质、特征与价值取向——基于耦合理论的视角 [J]. 职教论坛，2021 (8)：60-67.

[15] 刘亚玲. 高职院校跨境电商专业课程体系的构建研究 [J]. 对外经贸，2021 (5)：134-137.

[16] 刘云祥. 高职院校跨境电商人才培养模式创新研究 [J]. 船舶职业教育，2021 (4)：13-16.

[17] 孙云志. 我国高职院校产教融合发展的历程——以融合—分离—融合为参照点 [J]. 中国高校科技，2021 (7)：68-72.

[18] 陶丽君，胡方慧，徐向安. 跨境电商人才可持续发展研究——基于 TBL 理论的实训体系和终身自主学习能力培养 [J]. 中国商论，2021 (17)：190-192.

[19] 吴雪飞. 福建省高职跨境电商专业人才培养路径思考 [J]. 质量与市场，2021 (17)：28-30.

[20] 于振邦，梁忠环. 智慧教育时代基于工作室的跨境电商卓越人才孵化体系构建 [J]. 科技经济导刊，2020 (32)：169-170.

[21] 张弦，曾周玉. 跨境电商现代学徒制人才培养模式研究 [J]. 质量与市场，2021 (17)：46-48.

[22] 钟斌. 高职“双师型”教师分层分类培训的生成逻辑与实施进路 [J]. 职教论坛，2021 (8)：95-102.

[23] 左瑞瑞. 高职跨境电商课程实践教学体系构建探索 [J]. 对外经贸，2021 (7)：152-154.

[24] 倪名扬. 产教融合视角下基于胜任素质模型的跨境电商人才培养研究 [J]. 生产力研究，2020 (5)：131-134.

[25] 潘婧璇. 高职院校“双师型”教师专业发展策略研究 [D]. 广西师范大学，2019.

[26] 李学斌，许金波. 基于跨境电商岗位群分析的高职跨境电商人才培养对策探索 [J]. 产业与科技论坛，2017 (7)：182-185.

[27] 陈璐瑶. 天津市民办高职院校“双师型”教师队伍建设研究 [D]. 天津职业技术师范大学，2021.

[28] 郭翊正. 图情专硕“工作室”人才培养机制研究 [D]. 福建师范大学，2020.

[29] 郭云瑶. 基于“工作室”的高职院校技能型人才培养模式研究 [D]. 浙江师范大学，2020.

［30］雷洋. 高校跨境电子商务人才培养模式研究及政策建议［D］. 内蒙古工业大学，2017.

［31］马霞. “互联网＋”背景下应用型本科院校跨境电商人才培养模式研究［J］. 课程教育研究，2017.

［32］范新民. 高等教育国际化与跨境电商人才培养：跨境融合角度［J］. 河北师范大学学报（教育科学版），2015.

［33］秦澎. 中职学校跨境电商专业建设问题与对策研究［D］. 西南大学，2013.

后 记

不知不觉间，本书的撰写工作已经接近尾声，颇有不舍之情。本书是我研究了我国当下高职院校的跨境电商人才培育的现状与发展，投入了大量的精力，倾注了全部心血，进行长期的资料调研后撰写的一部作品。在撰写过程中，我通过科学的研究和调查确定了选题的基本概况，设计出了研究的框架，确定了论题的走向，随之展开了层层论述。因为我国跨境电商行业的快速增长与迅速发展，跨境电商所需求的人才也逐渐转向复合型的高素质人才，所以本书主要分析了在社会需求与高职院校的培育模式产生矛盾的背景下，我们该如何运用产教融合的模式来解决社会、企业与高校之间的矛盾，使高职院校跨境电商人才的培养能够适应社会和企业的需求，为实现高效、高质的人才供给提供新的思路。

最后，要感谢在本书撰写和出版过程中给予帮助的各位同僚和行业前辈，在他们精益求精的专业精神的大力支持下，我才有自信、有底气去撰写本书；也要感谢湘潭大学出版社的各位编辑和工作人员，有了他们的辛勤工作和大力支持，本书才能够顺利出版。为了更好地编写本书，本书吸取、引用了相关领域专家学者的研究成果，我们已经将所引用和参考的内容尽可能在书中以参考文献的形式标出，对于一些基础性、公共性的知识没法一一列出来源，在此对本书的知识贡献者们一并表示感谢！由于编者学术水平有限，本书中有什么不妥之处还希望广大读者和同行批评指正。

甘　宇

2022 年 8 月